우리는 행복하기 위해서 세상에 왔지

내 인생에 주어진 단 한 가지 의무

우리는
행복하기
위해서
세상에 왔지

이혁백 기획 | 이지현, 김나영, 이미경, 이채현,
전빛나, 김지혜, 김효진, 강해지, 노화준 지음

내가 그린 기린

우리는 행복하기 위해서
세상에 왔지

초판 1쇄 인쇄 | 2020년 7월 10일
초판 1쇄 발행 | 2020년 7월 15일

발행인 | 이혁백

지은이 | 이지현 · 김나영 · 이미경 · 이채현 · 전빛나 · 김지혜 · 김효진 · 강해지 · 노화준

만든 사람들
출판기획 최윤호 | **책임편집** 홍민진 | **마케팅총괄** 김미르 | **홍보영업** 백광석
북디자인 박정호 | **일러스트** 김창대(커피볶는김판다)

펴낸 곳
출판사 내가 그린 기린 | **출판등록** 2017년 10월 31일(제 000312호)
주소 서울시 강남구 논현동 9-18 4F, 5F | **전화** 02-518-7191 | **팩스** 02-6008-7197
이메일 240people@naver.com | **홈페이지** www.shareyourstory.co.kr

값 16,000 원 | **ISBN** 979-11-90067-26-3

이 도서의 국립중앙도서관 출판예정도서목록(CIP)은 서지정보유통지원시스템 홈페이지(http://
www.seoji.nl.go.kr)와 국가자료공동목록시스템(http://www.nl.go.kr/kolisnet)에서 이용하실 수
있습니다.(CIP제어번호: CIP2020026121)

차 례

보고만 있지 말고, 움직여 _이채현

생각이 아닌 행동으로 살아가다 _전빛나

오늘은 왠지 좋은 일이 생길 것만 같아 _김지혜

인간만이 선택할 수 있는 자유의지가 있다.
우리는 행복을 선택하는 데 있어
대단한 용기가 필요하지 않는다는 사실을
자연스럽게 터득하게 된다.

사실, 행복한 순간은
매일 있었어

이지현

사춘기 시절, 버스 안에서 흘러나오는 DJ의 멘트를 끝까지 듣고 싶어 내려야 할 정거장을 여러 번 지나쳤을 정도로 라디오를 사랑했던 그녀. 대학 졸업을 앞두고 자연스럽게 라디오 방송국에 입사하게 되었고, 이를 시작으로 지역 뉴스 아나운서로 11년간 활동했다.

크고 작은 행사에서 진행자로서, 청소년문화센터에서 방송이 꿈인 아이들을 대상으로 수년간 아나운서 교육을 하는 선생님으로서, 누구보다 화려하고 우아한 그녀였지만, 누구에게도 말 못 할 심적, 신체적 고통을 가지고 있었다.

우아한 겉모습과 달리 물밑에서는 허둥지둥 발을 움직여야 하는 백조처럼 어렸을 때부터 자신을 괴롭히던 건강 문제와 심적 고통 속에서 힘든 시간을 보내다 결국 심각한 불면증, 우울증으로 인해 모든 것을 내려놓기에 이르렀다. 그러던 그녀가 결혼 후 아이의 탄생과 글쓰기로 인해 삶이 완전히 달라지기 시작했다. 생각지도 못한 통로를 통해 긴 터널에서 빠져나오게 된 것이다.

몸과 마음에 한계를 두어 꽁꽁 감추기만 하던 그녀는, 이후 완전히 달라지기 시작했다. 누군가에게 자신을 드러내는 것을 상상조차 할 수 없었던 그녀였지만 작가로서의 도전을 통해 책 집필은 물론, 마음 낭독 유튜브 〈소리내어읽다〉를 시작하며 행복은 생각보다 가까이 있음을 널리 알리고 있다.

이러한 변화와 도전이 사랑하는 아들과 글쓰기가 있기에 가능했다고 말하는 그녀는, 커피 한 모금에도 행복을 느끼는 자타공인 '건강전도사'가 되어 유쾌한 일상을 보내고 있다.

E-MAIL soosana208@naver.com
BLOG blog.naver.com/soosana208
YOUTUBE @소리내어읽다

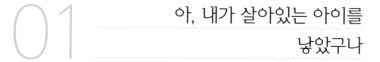

01 아, 내가 살아있는 아이를 낳았구나

20년간 매달 아이를 낳다

진통이 시작됐다.

'이상하다. 이 익숙한 통증은 뭐지?'

어릴 적부터 겪어온 그것과 너무나 닮아있었다. 간호사가 와서 아픈 강도가 어떤지 숫자로 말해달라고 했다. 아픔의 숫자가 커질수록 익숙한 느낌 역시 커졌다. 출산은 처음이었지만 진통 자체는 20년 동안 겪어온 그 아픔의 기억을 더욱 선명하게 떠오르게 했다.

학창 시절, 그날이 되면 나는 평범한 학교생활이 불가능했다. 골반 위쪽에서 시작되는 쥐어짜는 통증과 함께 구토, 설사가 동반된 토사곽란(吐瀉癨亂)까지 겹쳐져 삽시간에 나를 만신창이로 만들었다. 진통제 한 통을 하루 만에 비워도 소용없었다. 내 몸은 모든 순환이 그대로 멈춘 듯 얼음처럼 차가워졌다. 심지어 시험을 못 본 날도 있었다. 다음날 커닝해서 걸린 아이들과 함께 교무실에서 시험을 치르기도 했다. 치욕적이었다. 어떤 날은 화장실까지 갈 힘이 없어 침대에서 얼굴만 내밀고 방바닥에 구토하기도 했다.

아픔이 잦아들면 나는 가끔 거울을 봤다. 살아있는 몰골인지 궁금했다. 핏기없는 창백한 얼굴에서 가끔은 외로움이 보였다. 혼자 견뎌내야 하는 아픔은 나를 일찍 성숙하게 했지만, 죽고 싶다는 생각을 자주 하게 만들었다. 그때마다 자책했다.

'고작 생리통 때문에 죽고 싶다니… 죽을병이 아니잖아. 사지가 없어서 힘든 사람들을 생각해봐! 너무 나약해…'

이렇게 마음을 다잡아 봐도 그날이 되면 속수무책이었다. 난 여전히 세상에서 가장 힘든 아이가 되어 있었다.

"그 사막에서 그는 너무도 외로워 때로는 뒷걸음으로 걸었다.
자기 앞에 찍힌 발자국을 보려고."

_오스텅스 블루 《사막》

시간이 흘러 꿈꾸던 아나운서가 되었다. 시간은 흘렀지만 야속하게도 매달 겪는 그 아픔은 내 약점이자 치부가 되어 삶을 피폐하게 만들었다. 그날이 되면 회사 화장실 바닥을 기어 다니며 고통을 감내해야 했는데, 날짜까지 불규칙해 언제 찾아올지 모르는 공포에 시달렸다. 할 수 있는 것이라곤 무기력하게 달력만 들춰보는 것뿐이었다.

사람들 앞에 서야 하는 일이다 보니 그날의 아픔은 나를 더욱 긴장하게 했다. 방송 촬영은 대부분 녹화 방식으로 진행되어 그나마 부담이 덜했지만, 라이브로 진행되는 행사 사회가 잡히면 덜컥 겁부터 났다. 혹시 날짜가 겹치면 어쩌나 하는 걱정에 발만 동동 구를 수밖에 없었다. 미리 걱정하는 버릇, 긴장, 불안은 그렇게 나의 세포 하나하나에 깊숙이 뿌리를 내렸다.

몇 년 전 생리통과 완벽하게 똑같은 양상의 통증이 찾아 왔다. 너무나 익숙한 나머지 참고 참다가 새벽이 되어 응급실에 갔다. 그제야 병명을 들을 수 있었다. 요로결석이었다. 매달 겪는 극심한 생리통에 가족의 시선이 무뎌졌지만, 워낙 아프기로 소문난 질병 덕분에 늦게나마 내가 겪은 아픔을 공감해주었다. 특히, 담석증을 몇 번 겪어본 아빠가 가장 안타까워하셨다.

계속되던 나의 아픔은 아이를 낳고 사라졌다. 지금은 그날이 와도 진통제 몇 알로 평범한 하루를 거뜬히 보낼 수 있다. 날짜를 헤아리지 않는 지금의 시간이 얼마나 행복한지 알게 되었다. 적극적으로 고쳐보려고 노력하지 않은 20여 년의 세월이 너무도 아쉽다. 주기적으로 찾아오는 아픔이 당연한 듯 무식하게 견뎌내며 참아낸 어린 시절의 나에게 말해주고 싶다.

"잘 참아냈어. 이제 괜찮아."

불면의 시간

긴장, 불안, 걱정이 3종 세트로 따라다니며 예민함의 극치를 달리던 어느 날, 심각한 불면증이 찾아왔다. 갑상샘 전체를 드러내는 수술을 한 이후 호르몬의 변화 때문인지 불면증이 더욱 심해졌다. 일주일간 평균 수면시간은 10시간이 채 되지 않았다. 잠을 이루지 못하는 고통과 스트레스는 겪어본 사람만 안다. 그러니 고문이라 하지 않나.

엎친 데 덮친 격으로 회사생활에 크고 작은 스트레스가 쌓이기 시작했다. 한숨도 못 자고 출근하는 날이 잦아지고, 커피로 수혈하듯 순간순간을 연명했다. 내 감정은 매일 요동쳤고, 체력 역시 바닥을 치면서 직장생활은 갈수록 힘들어졌다.

탈출구가 필요했다. 때마침 결혼하고 다음 해에 곧바로 임신하게 되어 적당한 핑곗거리가 됐다. 병원에서 자궁이 약하다는 말을 듣자마자 도망치듯 회사를 그만뒀다. 남들 다한다는 출산휴가 한 번 안 썼지만, 11년간의 회사생활에 미련 없이 마침표를 찍었다.

그러나 기대는 이내 실망감으로 뒤덮였다. 일을 그만두면 깊게 잠들 수 있을 줄 알았다. 그러나 문제는 그게 아니었나 보다. 캄캄한 밤이 되면 지난 과거가 나를 억눌렀고, 잠깐이라도 눈을 붙이면 회사에서 힘겨웠던 순간들이 꿈으로 나타났다. 지우고 싶은 과거였지만, 현실에 진한 영향을 미쳤다.

현실은 악몽이 되고 말았다. 임신 8개월이 되어 산부인과에 다녀왔고 별 이상은 없었다. 병원에 다녀온 지 일주일이 지난 어느 날, 문득 내가 태동을 느끼지 못하고 있다는 걸 알았다. 급한 마음에 가까운 동네 산부인과를 찾았다. 알 수 없는 불안함이 밀려왔다. 아니라고 부정하고 싶었지만, 손이 떨리는 걸 막을 수 없었다. 의사는 아이의 심장이 뛰지 않는다며 긴 한숨을 내쉬었다. 절망의 심연에 빠졌다. 그 아득했던 순간이 잊히지 않는다.

그러나 여기에서 그치지 않았다. 큰 병원에 가서 아이가 살아있지 않다는 사실을 다시 한번 확인했는데, 더욱더 기막힌 얘기를 들었다. 산모의 건강과 다음 임신을 위해 유도분만으로 아이를 낳아야 한단다. 상상할 수 없는 일이었다. 수술로 아이를 낳고 싶다는 말이 목구멍까지 끓어올랐지만,

의사의 단호함에 용기 내지 못했다.

'심장이 멈춘 아이를 어떻게 낳을 수 있지?'

두려움이 밀려왔지만, 나는 곧 분만 과정에 들어갔다. 20여 시간의 진통 후 출산이 다가왔음을 느꼈다. 새벽이었다. 너무 오랜 시간 못 잔 탓인지 출산이 임박하자 잠이 쏟아졌다. 신기한 경험이었다. 진통이 심할 때만 깨어났다가 다시 잠들기를 반복했다. 1분 자고 1분 깨어있는 느낌이었다.

그러다 아이를 낳았다. 내 몸에서 빠져나가는 아이가 느껴졌다. 여느 분만실에서 들리는 아이의 옹골찬 울음소리는 없었다. 내가 알던 분만실 분위기와 전혀 달랐다. 차가운 공기에 걸맞게 고요할 뿐이었다. 의사도 간호사도 내게 어떤 말도 건네지 않았다. 나도 묻지 않았다.

나는 입원실로 옮겨졌고, 남편은 검은색 양복을 차려입고 친정 부모님과 함께 간단하게 장례식을 치르고 돌아왔다. 내가 미리 준비해 두었던 배냇저고리를 입혀서 화장했다고 했다. 무려 8개월이었다. 배 속에 나와 한 몸으로 존재하던 아이는 한순간 사라졌다. 불면의 밤은 그렇게 더욱더 깊어졌다.

TV를 켜도 거리를 걸어도 온통 배부른 산모들과 유모차

속 아기들만 눈에 들어왔다. 애써 눈을 감아 봐도 계속 내 앞에 나타났다. 밤이 돼도 마찬가지였다. 분만실에서 아이를 낳는 내가 아른거렸고, 초음파 사진에서만 보았던 아이의 얼굴도 또렷하게 떠올랐다. 내 몸은 임신한 흔적들로 가득했지만, 아이는 없었다.

의식과 무의식을 온통 사로잡은 이 사건은 나를 송두리째 뒤흔들었다. 수면제를 처방받고 싶어 병원에 찾았고 우울증으로 인한 불면증이라는 검사 결과를 들었다.

이런 내가 안쓰러웠는지 큰언니가 이탈리아 여행을 권유했다. 그 당시 발에는 족저근막염이, 손에는 관절염이 생겨 기본적인 생활조차 불편한 상황이어서 여행 자체가 부담스러웠다. 온종일 걸어야 하는 여행을 내가 소화할 수 있을지 의문이었다.

그러나 이탈리아에서 머문 첫날, 모든 걱정이 기우였음을 알았다. 나는 여행하며 새로운 나를 만났다. 이탈리아 곳곳에 있는 성당을 누비며 나는 기도했다. 살고 싶다고. 그렇게도 죽고 싶던 나는 그곳에서 살기를 희망했다. 불면증을 겨기 전에도 여행 가면 잠자리가 달라 숙면하기 어려웠던 내가 여행 내내 잠을 잘 수 있었다. 잠다운 잠을 잔 게 몇 년 만인지 기억조차 나지 않았다. 그것 하나만으로도 내게는 황홀한 선물 같은 여행이었다.

열흘간의 꿈같은 여행을 마치고 얼마 지나지 않아 나는 두 번째 임신했다. 가족 모두 기뻐했지만, 나는 그럴 수 없었다. 덜컥 겁부터 났다. 흔히들 말하는 '트라우마'였다. 다시 불면증이 찾아왔다. 임신 이후 밤잠뿐만 아니라 낮잠도 자지 못한 채 24시간 온전히 깨어있는 날이 많았다. 사람이 오랜 시간 잠을 안 자고도 살 수 있음을 알았다.

하루는 병원에서 안 좋은 이야기를 들었다. 아이의 몸이 거꾸로 돌아가 있는 상태에서 다리를 펴고 탯줄을 감고 있어 위험할 수 있다는 말이었다. 한순간 불안은 공포로 바뀌었다. 내 상태가 걱정된 담당 의사는 출산일을 앞당겨 보자고 했고, 나는 예정일보다 한 달 일찍 아이를 만났다. 아이의 울음소리. 생명을 알리는 옹골찬 소리가 가슴을 쓸어내리게 했다.

'내가 살아있는 아이를 낳았구나.'

아이는 자신이 살아있다고 알리려는지, 불면의 태교 때문인지, 4살까지 잠을 자기 힘들어했다. 어쩌다 아이가 몇 시간씩 잠을 이어 자곤 했는데, 혹시나 하는 마음으로 코밑에 손을 대어볼 정도였다. 힘들게 낳고, 힘들게 키웠다. 그러나 마음에 잠잠히 묵직하게 밀려오는 행복을 느꼈다. 아이를 낳고 산후우울증을 겪는 이들이 많다고 하는데, 나는 오히려 아이 덕분에 우울증이 사라져 지금은 자취를 감췄다.

그리고 많은 것이 달라졌다. 20년간 내 삶을 옥죄던 생리통에서 해방되었고, 불면증이라는 무거운 갑옷도 벗어버렸다. 언제 그랬냐는 듯 내 삶은 정말이지 가벼워졌다. 아이는 내게 새로운 생명을 불어넣어 준 셈이다.

그동안 내 인생을 마구잡이로 흔들어 놓은 것들이 사라지면서 새로운 인생이 시작되고 있음을 느낀다. 끝없이 밀려오던 두려움과 걱정을 조금씩 내려놓을 수 있는 용기가 생겼다. 매일 반복되는 하루의 시작이 이제는 가볍다. 내 심장이 다시 뛰기 시작했다. 뭔가 기분 좋은 예감이다.

"생애 한때에 자신이 캄캄한 암흑 속에 매장되었다고 느끼는 순간이 있다. 그러나 사실 그때 우리는 어둠의 층에 매장된 것이 아니라 파종된 것이다. (중략) 그것을 파종으로 바꾸는 것은 우리 자신이다. 매장이 아닌 파종을 받아들인다면 불행은 이야기의 끝이 아니다."

_류시화 《좋은지 나쁜지 누가 아는가》

02 ——————— 일단, 네 몸에
귀를 기울여 봐

목소리

"네? 뭐라고 말씀하시는지 모르겠어요. 손님 크게 말씀해 주세요."

백화점 할인코너에서 마음에 드는 옷이 있어 집어 들었지만, 점원의 말에 기분이 상해 빈손으로 걸어 나왔다.

갑상샘 수술을 받은 뒤 목소리가 나오지 않았다. 성대마비였다. 의사는 1%의 수술 환자에게 발생할 수 있는 후유증 중하나라고 했다. 시간이 지나면 자연스럽게 좋아질 수도 있고, 영구적으로 목소리가 안 나와 장애가 생길 수도 있다고.

이런 상황은 생각지도 못했다. 갑상샘 수술을 해야 한다고 들었을 때보다 몇 배는 당황스러웠다. 그러나 현실을 맞이할 수밖에 없었다. 아무리 크게 얘기해 봐도 바람 소리만 나왔다. 입술, 혀만 움직일 뿐 성대가 제 기능을 못 하니 발성이 되지 않아 듣기 힘든 쉰 소리만 새어 나왔다. 기본적인 의사소통이 어려워지자 대화 자체가 꺼려졌다. 대화는 안 하면 그만이라지만, 나는 아나운서였다.

마음에 여유가 없었다. 낙심, 비관 따위로 시간을 허비할 수 없었다. 회사에 내 상황을 보고하고 매일 오전엔 병원으로 출근해 음성치료를 받았다. 죽을힘을 다해 음성훈련에 매달렸다. 집에서도 틈나는 대로 훈련하며 생각했다.

'내가 목소리를 잃을 일은 없어. 그런 일은 생기지 않을 거야.'

두려움이었다. 상상조차 할 수 없을 만큼 두려웠던 마음이 간절함으로 나타났다. 30년 가까이 살면서 가장 간절했던 시간이었다.

그렇게 한 달여 시간이 지났다. 그날도 집에서 의자를 부여잡고 음성훈련을 하고 있었다. 호흡하며 있는 힘껏 소리를 내고 있는데, 갑자기 목소리가 터져 나왔다. 정말 한순간 이었다. 그 당시에 느낀 기쁨은 어떤 말로도 형언할 수 없는, 지금까지 살면서 느껴본 그 어떤 감정보다 짜릿했다.

답답하고 암울하게 느낄 수 있는 사건이지만, 내겐 그렇지 않았다. 목소리를 '잃은' 기억이 아닌 목소리를 '찾은' 기억으로 저장되어 있기 때문이다. 유종의 미라 했나. 마지막이 좋으니 뭐든 게 좋게 느껴지는 평범한 진리를 깨우치며 내 기억의 빛깔은 밝게 저장되었다.

그 당시 나에 대한 확고한 믿음과 부단한 노력이 없었다면 지금의 목소리를 찾을 수 있었을지 의문이 들 때가 있다. 특별히 노력하지 않고도 시간이 지나 자연스럽게 목소리를 되찾았을 수도 있다. 그렇게 목소리가 쉽게 돌아왔다면 간절함으로 이뤄낸 짜릿했던 기쁨의 시간을 경험하지 못했을 것이다.

"믿음은 강력한 영향력을 행사한다. 우리의 뇌는 우리가 믿고 기대하는 방향으로 작동한다. 뇌가 작동하기 시작하면 신체는 그 믿음이 사실인 것처럼 반응한다. 실제로 목이 마르거나 귀가 막히고,

병이 나거나 건강해지는 경험을 하는 것이다."

_허버트 벤슨

저질 체력이세요?

문득 이런 의문이 들었다.

'나는 과연 건강한 몸을 만들기 위해 어떤 노력을 했을까?'

목소리를 잃었을 때처럼 적극적으로 노력해본 적이 있는지 궁금해졌다. 내가 건강에 관해 얘기할 때 가장 많이 표현한 단어는 '저질 체력'이었다. 이보다 완벽한 단어는 없다고 생각했다. 가족들이 붙여준 '종합병원'이니 '부실 공사'라는 별명보다 그나마 '저질 체력'이 정상 범주에 있는 표현처럼 느껴졌다.

그러나 말은 곧 에너지다. 삶의 방향을 이끄는 힘이 있다. 나는 순화해서 저질 체력이라 했지만, 이 말을 달고 살았던 나는 그 상태에 머무를 수밖에 없었다. 내 몸에 부정적인 에너지를 보낸 셈이다. 어쩌면 부실한 몸은 곧 내 생각의 결과

물이 아닐까. 건강하기 위해 노력하기보다 한계를 그어두고, 꿈과 희망은 모두 가둬버린 건 아닌지.

친한 동생이 있다. 건강에 조금이라도 문제가 생기면 투정하듯 나에게 먼저 전화한다. 나름대로 많은 건강 상식을 섭렵하고 있는 나에게 병원에 가기 전 사전 상담이라도 하듯 몸 상태를 보고했다.

그러나 사실 그녀는 건강한 편이다. 그런 그녀가 가끔은 황당할 정도로 별것 아닌 증상에 관해 묻곤 한다. 나라면 쉽게 지나치거나 무시할 정도로 가벼운 증상들이 대부분이다. 나는 아는 지식 안에서 대답하고 계속 걱정되면 병원에 가보라는 말을 잊지 않는다. 그녀는 나와 통화한 후 며칠 안에 반드시 병원에 가본다. 이상이 없다는 답변을 들어야 마음이 놓이기 때문이다.

어느 날은 내가 장난스럽게 이런 말을 한 적이 있다.

"내가 그 정도 아프면 궁금하지도 않겠다! 너무 예민한 거 아니야?"

그녀의 대답은 단순했다.

"아프면 불편하잖아. 난 불편한 게 싫어."

맞다. 아프면 삶이 불편해진다. 그녀의 걱정은 아프기 전에 미리 걱정하는 건강염려증과는 다르다. 몸에서 보내는 작은 신호에 예민할 뿐이다. 자기 몸에 민감한 그녀는 현재 건강한 삶을 살고 있다.

나를 돌아보게 된다. 그동안 건강을 위해 적극적으로 노력하지 않는 나 자신이 부끄러웠다. 병원이 지겹다는 이유로 웬만큼 아프지 않으면 찾지 않았다. 자잘하거나 혹은 익숙한 아픔은 내가 겪어야 할 숙명이라 생각했다. 그러나 몸이 아프면 불편해진다. 윤택한 삶은 그림의 떡이다.

우리는 배에 가스만 차도 기분이 좋지 않다. 장은 우리 몸의 두 번째 뇌이자 가장 큰 면역기관이란다. 장에서 행복호르몬인 세로토닌이 만들어진다는데, 장의 상태가 나쁘면 행복한 감정은 사라지고 만다. 기분이 좋지 않은 상태에서 즐거운 삶을 살고 싶다고 아무리 외쳐도 허공에 사라지는 메아리처럼 변한다.

이처럼 몸이 보내는 신호에 예민하게 반응해야 한다. 내가 왜 이런 증상을 겪고 있는지, 자신의 몸에 민감하게 반응하며 살펴야 하지 않을까. 우선 내가 어떤 음식을 먹는지, 수면의 질은 어떤지, 기본적인 생활습관부터 관찰해야 한다. 《환자 혁명》이라는 책에서 저자 조한경은 자신의 건강을 스스로 지키려고 노력하는 '건강 주권'을 회복해야 한다고 강조한다.

"음식을 잘 가려 먹었을 때 통증이 덜하다는 사실, 잠을 잘 잤을 때 통증이 감소한다는 사실. 환자들이 단 한 번이라도 경험을 통해 이러한 것을 직접 깨달으면 본인들의 병에 접근하는 태도가 달라진다. 이런 것들을 시도해보고 자가 점검을 해볼 기회가 단 한 번도 없었다는 것이 문제. 그러나 해보면 인생이 바뀐다."

_조한경 《환자 혁명》

나는 매일 먹는 음식부터 바꾸는 중이다. 수면에 방해되는 요소들도 과감하게 차단하고 있다. 일주일에 5일 이상 규칙적으로 운동한 지 3년째 되었다. 전보다 확실히 체력이 좋아졌다. 오랜 기간 뿌리내린 부정적인 마음도 명상과 마음공부로 털어내고 있다.

심신의 건강을 찾아가는 여정에 있는 지금, 나는 행복을 선택하기 쉬워졌다. 긴장과 불안이 없는 몸에서 유연한 사고가 나온다는 사실도 알게 되었다. 지금, 이 순간 글을 쓰고 있는 행위에서도, 창문 밖 매일 같은 모습으로 서 있는 소나무의 모습에서도 행복을 느낀다. 이전에 나와는 달리 행복을 선택하는 마음이 깃털처럼 가벼워졌다.

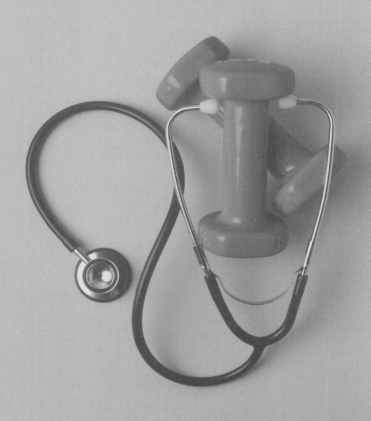

03 나는 아이를 싫어하던
엄마였습니다

　나는 결혼이 싫었다. 아이라는 존재가 부담스럽기도 했지만, 솔직히 말하면 그보다는 결혼이라는 제도 안에 발을 담그고 싶지 않았다. 내 몸 하나 챙기는 것도 버거운데 가정을 이루고 아이를 낳아 키우려면, 내 인생을 포기해야 한다고 생각했다.

　그러나 한 치 앞도 알 수 없는 게 인생이라지. 결혼에 대한 부정적인 선입견으로 가득했던 내가 급하게 결혼하고 몇 달 만에 임신까지 했다. 생각보다 일찍 찾아온 아이가 반갑지 않았다. 생전 처음 보는 돌덩이가 내 몸에 박힌 것처럼 낯설고 무겁게만 느껴졌다. 나와 한 몸으로 있던 아이는 알고 있었는지도 모른다. 엄마가 자신을 어떻게 생각하고 있는지.

여덟 달을 품고 있던 아이를 떠나보낸 후에야 내게 찾아온 생명이 얼마나 소중한 존재였는지 온몸으로 실감했다. 온몸과 마음마저 산산이 부서지도록 느꼈다. 신은 어리석은 내게 한 번의 시련을 준 듯하다. 몸의 일부가 떨어져 나간 기분으로 살아가다 2년의 세월이 흘렀다. 그리고 지금의 아이를 만났다. 커다란 아픔 후에 찾아온 아이의 존재는 이제 내 인생의 '부담'이 아닌 '선물'이 되었다.

나는 아이와 함께 매일 성장하고 있다. 매일의 삶이 배움이라 해도 과언이 아니다. 구태의연한 표현일 수 있지만, 아이를 통해 진정한 사랑이 무엇인지 알게 됐다. 이전에 나에게 사랑이란 주고받는, 혹은 많이 받을수록 좋은 것이었다. 계산적인 사랑 방식에 익숙했던 내가 지금은 제대로 된 사랑의 의미를 한 땀 한 땀 수를 놓듯 마음 깊이 새겨가고 있다. 사랑은 일방적으로 주기만 해도 행복하고, 많이 주면 줄수록 깊어지고 커질 수 있음을 말이다.

유독 팔에 힘이 없어 학창 시절 체육 시간에 하던 오래매달리기는 매번 1초 만에 떨어지고 말았던 내가 지금 20kg이 넘는 아이를 안아 올린다. 가끔은 초능력이 아닐까 싶다.

내 능력치를 넘어섰으니 초(超)능력인 셈이다. 아이가 아프기라도 하면 며칠 밤을 지새우는 건 일상이고, 밤마다 벌떡벌떡 일어나 아이가 걷어 차버린 이불을 덮어 주는 내 모습에 스스로 놀라울 정도다.

쉘 실버스타인의 《아낌없이 주는 나무(The Giving Tree)》에서 사과나무 마음에 공감하게 된다. 소년에 대한 사랑으로 모든 걸 아낌없이 내어주고 행복해하는 나무의 마음은 내게 책에 박힌 활자였을 뿐이다. 그러나 이제 아이를 낳으니 내가 사과나무인 양 온전히 이해하게 된다. 노인이 된 소년에게 밑동밖에 남지 않은 자기 몸을 의자로 내어주면서 기뻐하는 그 마음은 곧 엄마의 마음이다.

아이를 키우는 행위는 그야말로 희생이다. 그런데 희생이 곧 행복이라니. 어쩌면 이 세상 엄마들 대부분은 그 희생을 행복으로 착각하고 있는지 모르겠다. 그러나 착각이란 걸 알면서도 희생의 다른 말이 행복이 될 수 있다는 사실을 알게 됐다. 아이에 대한 사랑이 나 자신보다 커져 버렸기 때문이다.

엄마만 아는 진리랄까. 진정한 사랑은 나를 내어주는 것이다.

아이와 나는 하루에도 몇 번씩 '심장 뽀뽀'를 한다. 내가 아이에게 "심장 뽀뽀하자!"라고 말하면 아이는 달려와 자석처럼 철썩 안긴다. 아이의 가슴과 내 가슴을 맞대고 있으면 세상을 다 얻은 듯 충만해진다. 콩닥콩닥 뛰는 아이의 심장에서 느껴지는 따뜻한 사랑의 에너지가 나를 꽉 채워주는 기분이다. 하루의 고단함은 심장 뽀뽀 한방이면 온데간데없이 사라지고 만다. 차갑고 건조했던 내 심장은 아이로 인해 따뜻하고 촉촉해지고 있다.

아이의 '성장'은 나의 '성찰'

태어날 당시 고작 50cm가 조금 넘던 아이가 120cm가 되었다. 아이가 두 배 이상 커진 시간에 내 마음의 키도 한 뼘 이상 자랐다. 아이의 '성장'은 곧 나의 '성장'을 넘어 '성찰'의 시간을 만들어주었다. 아이의 말과 행동에서 내가 보인다. 좋은 점보다는 내가 싫어하는 나의 모습을 기가 막히게 잘 따라 한다. 거울 같다. 덕분에 지난날의 나를 되돌아보기도 하고, 지금 내 모습을 바로 보기도 한다.

아이가 5살이 되면서부터 유독 '힘들다'는 얘기를 자주 했다. 처음에는 아이가 '힘들다'고 말하면 "조그마한 게 뭐가 힘들다고 그래!" 하며 생각 없이 흘려들었다. 어느 순간 깨달았다. 그 말은 내가 하루에도 몇 번씩, 많을 때는 수십 번도 더 사용하는 말이었다.

한번은 가위로 종이를 자르며 놀고 있는 아이에게 지나가는 말로 "너는 손이 야무져서 뭐든 잘하는구나"라고 얘기한 적이 있다. 그랬더니 아이는 "손이 야무진 게 뭐야?" 하고 되물었고, 나는 손으로 뭐든 꼼꼼하게 잘 만든다는 말이라고 설명해주었다. 그 이후 지금까지 아이는 뭔가를 만들며 놀 때마다 내게 "나는 손이 야무져서 뭐든 잘 만들어!"라고 말한다.

아이가 사용하는 어휘 대부분은 엄마가 쓰는 말이다. 아이는 엄마의 말에 의심의 여지가 없다. 엄마가 손이 야무지다고 말했으니 자신은 손이 야무져서 뭐든 잘 만든다고 생각하고 행동한다. 그 사실을 인지하고부터 내 입에서 나오는 모든 말에 신경이 쓰이기 시작했다. 특히 부정적인 언어가 나올 때마다 그렇다. 오랜 시간 습관처럼 사용하던 말이 쉽게 바뀌지 않았다. 그래도 내가 인식하고 후회하는 시간이 쌓이다 보니 내 언어가 조금씩 긍정적으로 변화하고 있음을 느낀다.

가장 많은 시간 눈을 맞추고 얘기하고 감정을 소통하는 부모로부터 아이는 모든 걸 배우고 흡수한다. 어린아이의 눈으로 보는 세상은 부모가 전부일 수 있기에 부모는 자신의 행동과 말을 지속적으로 점검해야 한다.

문득 든 생각이다. 아이는 단순히 양육과 교육을 통해 키워내야 하는 미숙한 존재가 아닌 나를 성찰하고 성숙하게 만드는 '역할자(성찰의 메신저)'라는 생각이다. 어리숙하고 불완전한 나의 모습을 들춰내고 돌아보게 해주기 위해 내게 찾아와 미션을 수행하는 '역할자' 말이다.

아이의 모습에서 내 민낯은 물론이고 내가 성장해온 과정이 고스란히 비쳐 마음이 불편해질 때가 있다. 때로는 잊고 지내던 어린 시절의 기억들이 영화의 한 장면처럼 떠올라

퍼즐처럼 맞춰지면서 지금의 나를 이해할 수 있는 순간들이 찾아오기도 한다.

나를 반추하는 거울이 되어준 아이 덕에 오늘도 나를 돌아본다.

완벽하지 않지만 표현하는 엄마

아이를 사랑하는 마음은 그 누구보다 크다고 자신하지만, 아이 양육에 있어서 나는 완벽함과는 꽤 거리가 멀다. 가끔은 못난 엄마고, 아이보다 더 철이 없기도 하다. 이성보다는 감성이 발달한 나는 그날의 감정에 따라 아이를 대할 때가 많아 종종 아이에게 혼란을 준다.

외동인 아들과 놀아주기는 풀다 포기해버린 숙제처럼 항상 어렵게만 느껴진다. 창피한 얘기지만 놀아달라는 아이에게 나중에 해도 되는 집안일을 하며 "엄마 설거지하는 거 안 보이니? 혼자서 놀 줄도 알아야지!" 하며 회피한 적도 있다. 사실 이런 일들이 셀 수 없을 만큼 많다. 덜렁대는 성격 탓에 혼자 고생하고 말아버리면 되는 일들이 이제는 나와 아이, 둘의 몫이 되기도 한다.

구멍이 구덩이가 된다. 그동안 작은 구멍 정도로 느껴지던 내 빈틈이 아이를 키우면서 커다란 구덩이처럼 느껴질 때가 있다. 그러면 내가 엄마가 될 자격이 없는 건 아닌지 자책하기도 한다. 그런 내가 그나마 아이에게 잘하고 있는 것이 있다면 바로 '표현'이다. 아이의 잘못에 비해 필요 이상으로 화를 내거나 실수하면, 아이에게 미안하다고 진지하게 사과한다.

"엄마가 그 정도로 화낼 일이 아니었는데 엄마 기분이 별로여서 크게 화를 내버렸어. 아주 속상했지? 미안해. 앞으로 조심할게."

그러면 아이는 눈물을 흘리며 고개를 끄덕인다. 이제 제법 컸다고 내가 잘 모르거나 바로 대답하기 어려운 질문을 할 때가 있다. 나는 솔직하게 모른다고 얘기한다.

"엄마도 잘 몰라. 우리 같이 답을 찾아볼까?"

하루도 빼놓지 않는 표현도 있다.

"엄마한테 와줘서 고마워. 엄마는 네가 있어서 정말 행복해."

너무 자주 해서 식상할 만한데도 아이는 항상 미소로 화답해준다. 말하는 나도 말할 때마다 더 행복해진다.

아이에게 표현만큼이나 중요하게 생각하는 것이 있다면 엄마의 목소리다. 성격이 매우 급한 편인 내 아이는 하고 싶은 말이 많을 때 말을 약간 더듬는 증상이 있다. 그런 아이가 나와 얘기할 때는 말을 더듬는 일이 거의 없다. 아마도 뱃속에서부터 들어온 엄마의 목소리에서 정서적인 편안함을 느끼기 때문일 것이다.

세상에서 가장 친숙한 소리인 엄마의 목소리는 아이의 언어발달에 가장 큰 영향을 준다고 한다. 엄마의 목소리를 가장 효과적으로 전달하기 위한 방법으로 '책 읽어주기'만 한 게 없다. 나는 매일 밤 짧게는 10분, 길게는 1시간 정도 아이에게 책을 읽어준다. 아이가 배 속에 있을 때부터 시작한 '책 읽어주기'는 거의 하루도 빼놓지 않고 7년간 이어지고 있다. 매일 10분이라도 책을 읽어주며 자연스럽게 대화하면서 아이가 느끼는 일상의 감정을 공유하는 시간을 갖는다면, 아이의 정서발달과 언어발달에 빈틈이 생기지 않을 거라 생각한다.

아이와의 정서적 소통은 아이를 한 인격체로 존중하는 마음이 있기에 가능하다. 지속적으로 표현하고 존중하는 상호작용으로 아이는 자신이 소중한 존재임을 의심하지 않는다. 이처럼 어릴 적에 형성되는 자아존중감은 매우 중요하다. 자신이 가치 있고 소중하며, 긍정적인 존재라고 믿어야 남도 소중하다는 걸 알아갈 수 있기 때문이다. 자아존중감은 성인이 되어서도 그 힘을 발휘하는 마음의 자양분이 될 수 있다.

부족한 엄마지만 적극적으로 표현하고, 존중하고, 사랑한 덕분인지 아이는 스스로 사랑할 줄 아는 건강한 마음을 가진 아이로 성장하고 있다.

이제 막 엄마라는 타이틀을 단 이들에게 조심스럽게 말해주고 싶다. 엄마도 새롭게 태어난다. 갓 태어난 아기와 같이. 아이가 세 살이면 엄마도 세 살이라는 말이 있듯이 말이다. 엄마도 엄마가 처음이기에 완벽할 수 없다. 아이와 함께 성장해 가면 된다. 노력은 하되 자책은 금물이다. 자책하는 시간이 길어지면 사랑하는 시간이 그만큼 줄어든다. 단 1

분이라도 더 사랑하고 표현하면 아이는 엄마의 사랑을 먹고 건강하게 자랄 수 있다.

인생은 완전하지 않아 아름다울 수 있고 행복할 수 있다. 완벽하게 짜인 세상에서 우리가 행복을 느낄 수 있을까? 조금은 비어있거나 틈이 있을 수 있다. 한 부분이 찢어지거나 깨져 있을 수 있다. 어두운 면이 있기에 밝은 면이 존재하듯.

나는 매일 커가는 아이를 통해 배우고, 아이는 부족한 엄마의 모습을 보며 나름대로 느끼며 성장해 갈 것이다. 서로 부족한 부분을 채워가며 삶의 균형을 맞추며 한 발짝씩 내디디면 된다.

아이가 자라면서 분명 지금처럼 행복한 마음과 기쁨만 주지는 않을 것이다. 지금. 이 순간을 기억하며 조금 쉽게 털어냈으면 좋겠다. 오늘도 행복 한 움큼을 내 가슴팍에 훅하고 던져준 아이가 너무도 고맙다.

04

만나고 싶을 때
만날 수 있는 유일한 사람

별처럼 빛나고 싶었다

약속이 없는 평일 점심은 으레 '혼밥'이다. 이 시간에 빠질 수 없는 최고의 반찬은 TV. 혼자서 밥을 먹을 때면 TV나 라디오, 유튜브와 같이 소리 나는 것들을 켜둬야 마음이 편하다.

그날도 냉장고에 있는 밑반찬으로 간단하게 상을 차린 뒤 TV를 틀었다. 화면이 켜지자마자 기다렸다는 듯이 가수 박정현이 노래를 부르기 시작했다. 익숙한 반주로 시작된 음악은 '빈센트'였다.

"Starry, starry night. Paint your palette blue and gray.

*Look out on a summer's day With eyes that know the
darkness in my soul."*

가사 한 구절이 다 끝나기도 전에 왈칵 눈물이 쏟아졌다.
뺨 위로 흐르는 눈물의 의미를 몰라 당황스러웠다. '빈센트'
는 오래전부터 들어왔던 곡이다. 그러나 그날 그 시간에 들
은 음률과 가사는 완벽하게 다르게 들려왔고, 내 가슴 깊숙
이 박혀 버렸다. 노래가 나에게 말을 거는 듯했다.

'언제까지 그렇게 있을 거니? 너도 빛을 낼 때가 되었잖아.'

눈물로 흐려진 시야 사이 그녀는 여전히 미소를 띤 채 노
래하고 있었다. 나는 그렇게 숨죽여 한참을 울었다. 찬밥을
차려놓고 앉아 숟가락을 들고 있는 내 모습이 한순간 처량
해졌다. TV라는 프레임 안에서 열정적으로 노래를 부르고
있는 그녀와 나는 대조적이었다. 자신감으로 가득 찬 그녀의
목소리, 오랜 세월 노력해 온 프로에게서만 느껴지는 당당함
에 나는 한없이 작아졌다.

나도 밤하늘에 반짝이는 별처럼 빛나던 시간이 있었을
까? 분명 나에게도 그런 시간이 있었을 것이다. 그때는 몰랐

지만, 이리저리 부딪히고 깨지면서도, 다시 일어설 수 있었던 '젊음' 그 자체만으로도 아름다웠을 수 있다.

밥 한 숟가락을 크게 떠서 입으로 가져갔다. 꾸역꾸역 밥을 먹으며 나는 결심했다. '그래 지금도 늦지 않았어. 나도 빛나는 삶을 살 수 있어'라고. 그리고 머릿속에 떠오르는 생각은 딱 한 가지였다.

'책을 쓰자!'

내가 책을 쓰기로 결심한 순간이다.

초등학교 시절, 방학이 끝나갈 무렵이 되면 내게 가장 큰 걱정거리는 '일기 쓰기'였다. 미루고 미루다 방학 마지막 날 몰아서 쓸 정도로 일기 쓰는 게 싫었다. 매년 새해가 되면 호기롭게 장만하던 예쁜 다이어리는 일주일만 지나면 애물단지가 되어버리곤 했다. 그런 내가 지금 글쓰기를 업으로 생각하고 있음이 놀라울 뿐이다.

돌이켜 생각해보니 일을 하면서 '글'이라는 것을 계속 쓰고 있었다. 아나운서 일을 하면서 매일 뉴스 한 꼭지는 직접 취재해서 기사를 작성했고, 라디오방송국에서도 마찬가지였다. 10년 넘는 시간 동안 매일 글은 썼지만, 행복하거나 즐겁지는 않았다. 그동안 써온 글들에는 내가 없었기 때문이다. 어떻게 하면 정보를 잘 전달할 수 있을지에 초점이 맞춰져 있었을 뿐이다.

그러나 이제 '나'에 대한 글쓰기가 시작되었다. 가장 힘들었던 시기에 무심코 쓰기 시작한 일기형식의 글이다. 신기한 것은, 매일 조금씩 써 내려간 글 덕분에 바닥까지 떨어져 있던 내 마음이 치유되고 있었다. 내가 소울메이트라 자부하던 친구에게 고민을 털어놨을 때 이상으로 확실하고 깔끔하게 감정이 정리되었다. 지치고 힘들 때면 친구와의 수다가 최고의 명약이라 믿었던 내가 새로운 치유법을 발견한 것이다. 이 치유법의 가장 큰 장점은 '쉽다'는 거다. 친구와 만나려면 시간과 장소를 정해야 하고, 비용도 들여야 하지만, 자기와의 만남에는 제약이 없다. 언제든지 만나고 싶을 때 만나면 된다.

처음에 쓴 일기들은 대부분 지금 처한 나의 답답한 상황이나 우울한 감정을 나열한 것뿐이었다. 내가 지금 얼마나 힘든지 스스로 끊임없이 고백했다. 누군가에게 말하고 나면 찝찝함이 남을 만한 고민이나 생각들을 나 자신과 얘기했다.

그러다 보니 막연하게 옥죄이던 감정들이 구체적으로 보이기 시작했고, 점차 나라는 인간을 객관적으로 볼 수 있게 되었다. 자신을 알아가는 과정에 글쓰기만 한 게 없다는 생각이 들었다. 여기에 글 쓰는 즐거움까지 더해지면서 자연스럽게 책을 쓰는 작가가 되고 싶다는 마음으로 이어졌다.

어제의 일기

그 흔한 SNS나 블로그와도 거리가 멀었던 나는 e-mail에서 '내게 쓰기'를 이용해 일기를 썼다. 메일 제목에 날짜를 적고, 일기를 쓴 다음 '저장'만 하면 된다. '내게 쓴 메일함'에는 지난 3년 동안 쓴 일기들이 빼곡히 저장되어 있다. 지속적으로 일기 쓰기가 편하고, 가끔 지난 일기들을 들춰보기도 쉽다.

지극히 아침형 인간인 나는 새벽이나 이른 아침에 지난 하루를 돌아보는 '어제의 일기'를 썼다. 보통은 새벽 5시경에 일어나 일기를 쓰면서 하루를 시작한다. 사건에 대한 기록보다는 감정과 기분에 초점을 맞췄다. 누군가에 대한 저주로만 빼곡하게 채워지는 날도 있었고 분노로 시작해 분노로 끝나는 날도 있었다. 잊고 싶어 깊이 숨겨두고 꺼내 보지 못했던 불쾌한 감정의 기억을 들춰내며 글로 적어보기도 했다.

신기한 일이다. 막상 글로 타이핑하면 커다랗게 느껴지던 사건들이 티끌처럼 작아지는 마법 같은 경험을 하기도 한다. 감정이 사건을 부풀렸던 것인가. 글로 감정의 찌꺼기를 배설하며 사그라진 것인가.

일기를 쓰는 시간이 길어지면서 어느 날부턴가 '그럼에도 불구하고'라는 말이 자주 등장하기 시작했고, '~해서, 고마웠다'라는 엔딩을 발견하곤 했다. 부정적인 마음으로 가득했던 내게 긍정의 씨앗이 뿌리를 내리기 시작한 것이다.

일기의 끝은 그날 꼭 해야 할 계획들을 적었다. 한동안 허투루 사용하던 시간을 나름 계획적으로 사용하는 습관이 생겼고, 시간 관리가 가능해지자 크고 작은 목표도 세우게 되었다.

그리고 몇 달 전부터 감사일기가 하나 더 추가되었다. 지난 하루 동안 감사할 만한 일들을 찾아 쓰고, 오늘 있을 감사할 일들을 예언하듯 적으면 된다. 감사할 일이 도통 떠오르지 않을 때는 "새로운 하루를 시작할 수 있어 감사합니다.""편히 쉴 수 있는 집이 있어 감사합니다."로 채우면 그만이다. 감사일기가 더해지면서 내 일기는 풍성해졌고, 감사할 일들도 하루가 다르게 늘어났다.

햇빛이 되어준 글쓰기

씨앗이 발아되려면 적합한 온도와 충분한 물이 필요하다. 햇빛은 꼭 필요한 조건은 아니다. 햇빛을 좋아하는 식물도 있고 아닌 식물도 있기 때문이다. 그러나 나에게 글쓰기는 햇빛과 같다. 내 삶에 꼭 필요한 조건이 되어줬다. 그동안 햇빛이 있어야 싹을 틔우는 식물이라는 사실을 모른 채 깜깜한 땅속에 묻혀 답답함을 안고 살았다. 그러던 내가 글쓰기와 함께 발아 과정에 들어갔다.

햇빛을 충분히 머금으며 본격적인 성장에 들어가면 뿌리를 내려야 한다. 깊게, 최대한 깊게 뿌리를 내려야 잎이 풍성한 나무로 성장할 수 있다. 뿌리를 내리는 시간이 얼마나 소요될지는 알 수 없다. 그저 노력하며 기다리는 수밖에. 나를 치유하던 글쓰기가 나를 위협하는 인고의 시간이 될 수도 있다. 그래도 좋다. 나는 햇빛을 좋아하기에.

> "막 싹을 틔운 어린나무가 생장을 마다하는 이유는 땅속의 뿌리 때문이다. 작은 잎에서 만들어 낸 소량의 영양분을 자라는 데 쓰지 않고 오직 뿌리를 키우는 데 쓴다. 눈에 보이는 생장보다는 자기 안의 힘을 다지는 데 집중하는 것이라 볼 수 있다."
>
> _우종영 《나는 나무에게 인생을 배웠다》

잎이 풍성한 느티나무로 성장해 지치고 힘든 이들에게 편히 쉴 수 있는 쉼터 같은 책을 쓰고 싶다. 빌딩 숲에 갇혀 마음이 딱딱해진 이들의 마음을 말랑하게 만드는 포근한 책을 쓰고 싶다. 혹여나 그렇지 못하더라도 단 한 명에게, 단 한 줄이라도 마음 깊이 와닿는 문장을 담아내고 싶다.

글을 쓰기 전에는 한없이 가라앉아 있거나, 잠시 수면 위로 올라오는 감정도 쉽사리 무거워지곤 했다. 그러나 지금은 한결 가벼워졌다. 내게 글쓰기는 감정의 찌꺼기들을 깨끗하게 덜어내는 가장 강력한 도구가 되었다. 내 것이 아니라고 생각했던 행복이라는 감정도 내 안에 있음을 알았다.

지금 행복한 기분을 한 조각도 찾을 수 없다면, 지치고 힘들어 삶의 의욕을 잃었다면, '나를 위한 글쓰기'를 권하고 싶다. 자신에 관한 생각을 글로 쓰다 보면 본연의 나를 찾을 수 있다. 나를 위한 글쓰기는 자신과의 대화다. 멋지게 말할 필요도 없고, 진실을 감출 이유도 없다. 그렇게 대화하다 보면, 살면서 묻은 각종 오염된 마음들로 감춰져 있던 진짜 내 모습을 볼 수 있다.

자신과의 대화가 익숙해지면, 때로는 뒤를 돌아보다가 멈춰 있는 날도 있고 앞만 보며 뛰는 날도 있음을 알게 된다. 멈춰 있는 날이 길어지면 다시 걸어갈 수 있도록 용기를 주면 되고, 속도가 빨라 숨이 허덕이면 잠시 쉴 수 있는 여유를 찾아주면 된다. 그렇게 자신에게 맞는 속도를 알면 행복을 찾기도 쉽다.

인간만이 선택할 수 있는 자유의지가 있다. 우리는 행복을 선택하는 데 있어 대단한 용기가 필요하지 않는다는 사실을 자연스럽게 터득하게 된다.

오랜 시간 멈춰있던 나는 이제 부지런히 걸어갈 생각이다.

단점이란 자기중심적 편견일 뿐,
고유한 방식이 있을 뿐이다.
그래서 내가 누구인지 알면,
편견의 틀에서 벗어나 자유로워진다.
우리 존재도 그러하다.

행복해지기 위해서는
가끔 위험을 감수할 필요가 있어

작가

김나영(나는영)

초민감자, 수비학(數祕學) 전문가, 공감 치유자

그녀는 어릴 적부터 다른 사람에 비해 유달리 내향적이고 민감했다. 겉으로는 언제 어디서나 사람들과 잘 지냈지만, 정작 사람들과 있을 때 더 외로웠고, 우울했다는 그녀는 중년에 접어들어서야 풀지 못한 매듭들을 풀어가며 진정한 행복을 찾아가기 시작했다. 거듭된 이혼과 수많은 실패 속에서 고통을 겪었던 저자는 어느 날, 삶이 부르는 소리에 따라 자신을 찾는 내면 여행을 시작하게 되었다. 과거의 자신을 되돌아보던 중, 자신이 단 한 번도 자기답게 살지 못했다는 사실을 마주했다. 늘 다른 사람들의 감정만을 살피느라 자신의 진짜 목소리를 잃어버렸던 그녀였다. 오롯이 전해져 오는 그들의 감정을 외면할 수 없었다는 그녀는, 정작 자기 자신은 제대로 보살피지 못했던 것이 저자가 우울한 삶을 살았던 원인이었음을 깨닫게 되었다.

행복해지기 위해선 '진정한 자기 자신'을 되찾아야만 하고, 결국 자신이 찾아 헤매는 삶의 해답은 스스로 찾고 만들어 가야 한다는 깨달음을 더 많은 사람에게 전달하고자 이 책을 썼다. 누구나 크고 작은 마음의 병들을 가지고 있는 현대인들은, 단순히 치유 자체를 목적으로 할 때가 아니라며, 그저 아픈 이들의 깊은 감정에 진심으로 공감해 줄 때 저절로 치유된다고 말하는 그녀는, 자신의 행복으로 인해 다른 사람이 웃는 것을 보는 게 진정한 삶의 행복이라고 말하며 웃었다. 그녀는 예전의 자신처럼 상처로 아파하는 사람들이 더 이상 스스로 비난하지 않고 자기 모습 그대로 살기를 바라는 마음으로 오늘도 여전히 '나는 영'그 자체임을 인지하며 많은 글로 깨달음을 전파하고 있다.

E-MAIL yellow0246@naver.com

01 행복은 감가상각이 아닌, 감각이다

　당신은 지금 행복한가? 사람마다 행복의 기준은 모두가 다르다. 평생 돈 걱정 없이 사는 것, 아픈 데 없이 죽을 때까지 건강한 것, 애인 혹은 배우자와 오래오래 함께하는 것, 속마음을 나눌 진정한 친구가 있는 것, 자기 분야에서 성공하는 것 등. 단지 이것뿐일까? 행복을 위한 '조건'들은 끝도 없다. 행복에 필요한 세부목록을 다 작성하다 보면 2박 3일 꼬박 밤을 새워야 할지도 모른다.

　고대 그리스 철학자 플라톤은 행복하기 위해선 5가지 조건이 필요하다고 말했다.

　1. 먹고 살기에 조금은 부족한 재산

2. 모든 사람이 칭찬하기에 조금 부족한 외모

3. 자신이 생각하는 것의 절반밖에 인정받지 못하는 명예

4. 남과 겨루어 한 사람은 이겨도 두 사람에게는 질 정도
   의 체력

5. 연설했을 때 사람의 절반 이상만 박수받을 정도의 말
   솜씨

의아했다. 돈, 외모, 명예, 체력, 말솜씨까지 부족해야 행복하다고? 그러나 생각해보니 그렇다. 부족한 상태가 곧 행복일 수 있다. 난 이 글을 처음 접했을 때, 무릎을 "탁" 쳤다. 내가 처한 상황에 100% 만족한 적은 별로 없었기 때문이다. 물질적으로 풍요롭게 살았던 적은 없지만, 나를 위해 돈을 써도 행복은 잠깐이었다. 누군가에게 선물을 받아도 그때뿐이었다. 행복은 마실수록 갈증 나는 바닷물 같았다. 목마름을 채우는 길은 하나, 욕망을 멈추는 것이었다.

욕망이란 무언가 부족하다고 느끼면서 소유하고 싶어 하는 마음이다. 그러나 밑바닥이 뚫린 그릇을 채울 수 있는 사람은 아무도 없다. 애초부터 부족하다는 그 생각이 구멍이

되어 만족을 누리지 못하게 하기 때문이다. 뻥 뚫린 욕망의 깊이를 채우려면 지금의 부족함에 만족해야 했다.

젊은 시절부터 시작된 주경야독은 습관이었고, 나를 채찍질할수록 아무것도 채워지지 않았다. 순탄하게 살아가는 듯 보이는 다른 사람들이 부러웠다. 내 삶은 공허했다. 돈도 사랑도 내 것이 아니었다.

40대가 되자 내 삶에 외적 조건을 채우기 위해 더 열심히 살았다. 끝없는 실수로 범벅된 과거를 보상하고 싶었다. 그러나 성과는 없었고 삶은 고단했다. 생각해보면 부족하다는 것은 내 욕심이었다. 늘 부족한 내 모습을 채워야 만족스러운 삶을 살 수 있다고 생각했다. 늘 불안해서 무언가 배우러 다녔다.

가정의학과에 다니면서 피부관리사 자격증을 준비했다. 매일 밤 자정이 다 되어 집에 돌아가는 생활을 몇 개월 했다. 그러나 결국, 그 모든 노력이 수포가 되었다. 아빠의 응급 암 수술 날짜와 시험 날이 겹쳐서 포기할 수밖에 없었다.

그러면서 가질 수 없는 것들을 포기하기 시작했다. 평범한 내 모습도 있는 그대로 받아들였다. 나에 대한 높은 기대치를 낮추자 한결 마음이 편해졌고, 누릴 수 있는 것에 만족했다. 그리고 본능적으로 감각적인 것을 추구했다.

아메리카노에 곁들인 치즈케이크의 달콤함에 '미각'이 행복해졌다. 지나가다 들린 옷가게에서 예쁜 원피스를 지를 때 카드값 걱정은 잠시 잊었다. 예뻐진 내 모습에 '시각'이 행복했기에. 또한, 적게는 주 1회, 많게는 주 2~3회 공연장을 찾도록 만들었던 음악적 황홀감은 청각과 촉각까지 만족시켰다. 다양한 모임 활동으로 관계의 빈자리를 채웠고, 다양한 강의로 부족한 내면의 배움을 채웠다. 가끔은 짧은 연애를 통해 느끼는 사랑이 행복이라고도 생각했다.

그런데 의문이 들었다. 나는 왜 감각과 감성을 충족하지 않으면 살아있음을 느낄 수 없을까? 과연 이런 것들이 행복감일까? 꼭 맛있는 걸 먹고, 입고 싶은 옷을 입어야만, 공연장을 찾아야만, 연애해야만 행복한 것인가. 기분 좋은 느낌은 잠시뿐, 그리 오래 유지되지 않았기 때문이다. 맛있는 음식, 예뻐지기 위한 소비, 음악적 황홀감, 사랑받는 느낌 등이 없다면 어떻게 행복할 수 있지?

행복은 감가상각 된다. 건물이나 물건처럼 시간이 지날수록 가치가 떨어진다는 말이다. 그러나 여기에 전제가 있다. 완벽한 만족감만이 행복이라고 생각하면 그렇다. 어떤 자극이든 처음에는 만족하지만, 금세 적응하게 되고, 더 강렬한 자극을 원한다. 이미 누리는 것에 만족하기는커녕 오감을 통한 감각적 욕구는 점점 더 강렬해졌다.

돈은 벌수록 더 갖고 싶었고, 사랑은 받을수록 더 받고 싶었다. 맛있는 걸 먹을수록 식탐은 늘었고, 잠도 잘 수록 늘었다. 공연 관람 횟수가 늘어날수록 청각과 촉각은 예민해졌고 더 높은 수준의 공연을 찾아다녔다. 배움에 대한 욕구도 지식탐구보다는 지적 허영심에 가까웠다. 즐기는 척했지만, 지쳐갔다. 브레이크가 고장 난 차처럼 달리고 있었다. 행복을 향한 집착이었다. 불행했던 과거가 머릿속에 남아 보상받길 원했다.

여전히 시각, 청각, 촉각, 후각, 미각을 만족시키는 조건들이 충족되어야 행복하다고 착각했다. 기분 좋은 느낌을 위해 더 열심히 '자극'을 찾았다. 특히, 음악적 황홀감은 살아있음 그 자체였고 멈출 수 없었다.

있어야 행복하다면, 반대로 없으면 고통스럽다. 중독(中毒)은 무언가에 집착해서 빠져나올 수 없는 상태다. 문자 그대로 독에 빠진다는 뜻이다. 쾌락에 중독되면, 벗어나려는 것 자체가 고통이다. 커피를 꼭 마셔야만 기분 좋다고 생각하면, 커피를 마실 수 없을 땐 불안하고 견디기 힘든 것처럼.

'쾌락주의'를 창시한 에피쿠로스는 "쾌락은 즐거운 것을 보태는 것보다도 고통스러운 것을 제거하는 데 있다"라고 했다. 나 역시 고통이 두려워서 쾌락을 찾았다. 공연장에서 느낀 청각, 촉각의 황홀함은 음악의 부재를 견디지 못하게 했다. 보고 싶은 애인을 못 봐서 상사병에 걸린 것처럼, 거부할 수 없는 연인이었다.

거리를 둬야 했다. 쾌락에 대한 집착에서 벗어나야 했다. 나 스스로 행복해지겠다고 결심했을 때, 그때 '행복 감각'이 생겼다. 이것은 오감을 충족하는 데서 오는 쾌락이 아니었다. 무엇이 있어도 좋고, 없어도 좋은 '매일의 마음습관'이다.

무언가 있어야만 행복하다는 생각은 착각이다. 마음의 허전함이 채워져야만 행복하다는 생각은 오히려 불행하게 한다. 사람들로부터 사랑과 인정을 받아야만, 인생에서 대단

한 무언가를 이루어야만 행복할 수 있다는 것도 착각이다.

그동안 아무것도 해놓은 게 없어서 불행하다고 자책하며 좌절과 불안, 두려움과 걱정 속에 살았다. 남과 비교하면서 '내게 없는 것'만을 찾았고, 이미 내게 있는 가족, 친구, 직장, 집과 같이 이미 있는 것들에 대해선 당연하다고 생각했다.

그러나 마음이 힘들 때 떠난 '내면 여행'에서 발견한 것은 이미 누리고 있는 일상의 모든 것에 대한 '감사'였다. 주어진 모든 것에 감사하는 마음이야말로 내게 있는 것을 발견하는 기쁨을 주었다. 그리고 역설적이게도 감사할수록 감사할 일들이 다가왔다. 내 마음이 치유되자 몸도 치유되었고, 세상도 평온했다.

누구나 행복을 바란다. 아픈 사람은 건강을, 건강한 사람은 돈을, 결혼한 친구는 혼자만의 시간을, 미혼인 친구는 남편과의 시간을, 자식 때문에 속이 썩는 엄마에겐 무자식이 상팔자이지만, 불임부부에겐 아이가 있는 것이 행복이다. 실직자는 안정적 직장을, 직장인들은 직장을 떠나야 행복하단다. 이처럼 사람들은 '지금 내게 없는 것'을 찾는다. 찾으면 보이지 않는다.

한 달 생활비가 12만 원 정도인 어느 '보통 남자'가 말했다. "행복이란, 매일 세끼 밥 먹고, 잘 수 있는 침대 하나. 필요한 건 그게 다 아닌가요?"라고. 그러면서 "인생에서 가장 힘든 건 돈 버는 게 아니라 평화롭고 평온한 태도로 사는 것. 내 꿈은 행복한 보통 사람이 되는 것입니다"라고 했다. 놀라운 것은, 그가 사후에 전 재산인 8,100억 원을 사회에 기부하기로 했다는 것이다. 말한 대로 실천하는 삶을 사는 그는 바로 〈영웅본색〉의 주인공 배우 '주윤발'이다.

그는 안다. 마음의 평화가 얼마나 중요한지. 평화로 가는 길은 없다. '마음의 평화'가 행복으로 가는 지름길이다. 만족하지 못할수록 행복은 '감가상각'되었고, '행복 감각'도 사라졌다. 밖에서 찾을 수 없었던 '행복 감각'은 오늘의 내 마음 속에 이미 있었다.

02 민들레는 장미를
부러워하지 않는다

장미 덤불 한쪽 구석에 민들레 한 송이가 있었다. 어느 날, 고개를 들어보니 온통 주변에는 새빨간 장미로 가득했 다. 장미들은 우아한 자태를 뽐내며 미소 짓고 있었다. 민들 레는 붉은 장미가 부러웠다. 노란 자기 모습이 상대적으로 초라하게 느껴졌다.

'아, 왜 나는 노란색이지? 다들 예쁜 빨간색인데…'

한 장미가 말을 걸었다.

"안녕. 넌 왜 노란색이니?"

"모르겠어. 넌 빨간색이라 좋아?"

"응. 좋아. 난 고급스럽고 우아하고 열정적으로 느껴지는 내 색이 맘에 들어. 게다가 멀리까지 퍼진 내 향기에 이끌려서 사람들이 나를 보러올 때 정말 기분이 좋아."

"그렇구나. 난 노란 꽃에 초록 이파리를 갖고 있는데, 향기가 안 나."

그때, 옆에 있던 다른 장미가 끼어들었다.

"있잖아. 너 그거 알아? 우린 꽃인데, 넌 잡초야."

순간, 민들레는 시무룩해져서 중얼거렸다.

"그... 그래? 그래도 난 튼튼해서 웬만해선 안 죽어."

끼어 들은 장미는 계속 말했다.

"우린 자신을 지키기 위해 '가시'를 품고 있지. 넌 너를 지키기 위해 뭘 갖고 있니?"

민들레는 주눅 든 채 말을 이어갔다.

"난 사람들이 잘 안 꺾어. 구석에 있어서 잘 안 보이거든. 그래도 난 아이들이 좋아해. 노란 꽃이 홀씨가 되면 아이들이 후~ 불며 바람에 날리거든."

이렇게 말은 했지만, 민들레는 속으로 생각했다.

'치이. 겨우 홀씨라니.'

그때, 한 할머니와 꼬마 남자아이가 그 옆을 지나갔다.

"할머니, 여기 보세요. 장미꽃이 엄청 많아요. 정말 예쁘죠? 그런데, 여기 구석에 노란 꽃은 뭐에요?"

할머니는 말했다.

"그 꽃은 민들레야. 민들레는 뿌리부터 꽃까지 버릴 게 없단다. 열날 때 약으로도 쓸 수 있고, 눈에도 좋지. 나물로 먹기도 한단다."

"그럼, 장미는 어디에 좋아요?"

"글쎄다. 너희 엄마가 장미 오일을 쓰더구나. 화장품에도 장미가 들어가던데. 잘은 모르겠네."

"할머니, 그럼 우리 장미랑 민들레 가져갈까요?"

"에그, 뭐하러. 장미는 가져가면 금방 시들어버리고, 민들레는 아직 너무 작구나. 좀 더 자라면 다시 캐러 오자."

"네. 알겠어요!"

그렇게 할머니와 손자는 떠났다.

내심 민들레는 기뻤다. 장미 이야기를 듣고 시무룩했던 마음이 어느새 사라졌다. 자신이 여기저기 쓰임이 많다는 사실에 만족스러웠다. 그런데도 장미는 여전히 으스댔다.

"그래 봤자, 넌 향기 없는 잡초일 뿐이야."

그러나 이제 민들레는 장미의 비아냥거림이 신경 쓰이지 않았다.

'그래, 난 민들레야. 내 역할이 있어.'

시간이 흘러 민들레의 노란 꽃잎은 하얀 홀씨로 변했다. 그리곤 때가 되었다는 듯 다짐했다.

'그래, 이제 준비가 됐어. 여행을 떠나자!'

민들레는 자신을 더 많이 '나누기 위해' 바람을 타고 날아오르기 시작했다.

어릴 적, 숨 막힐 듯한 붉은 장미 덤불을 보면서 그 예쁜 향기에 취한 적이 있었다. 거기서 얼마 떨어지지 않은 한쪽 구석에 노란 민들레도 피어있었다. 내 눈에는 작은 민들레가 참 예뻐 보였는데, 사람들은 모두 장미의 화려함에 취해 장미만 바라보았고, 민들레는 보지 못했다. 그러나 화려하진 않아도 민들레는 어디에나 있고, 어떤 환경에서도 살아남는 강한 잡초였다.

민들레의 장점이다. 장미가 뭐라 해도 민들레에게 있는

장점은 고유하다. 그것이 바로 생명을 나누는 고귀함이다. 하얗게 변한 민들레 홀씨를 불어 날리면 참 아름답게 퍼진다. 자기 꽃을 여러 개의 홀씨로 나눠 바람을 타고 날아가는 그 모습을 보고 있노라면 어디서나 곳곳에 피어날 민들레를 연상하게 한다.

물론 장미의 생존방식도 고유하다. 그러나 민들레도 자기 방식대로 자란다. 존재 자체로 온전하고 아름다운 자연에서 단점이란 있을 수 없다. 단점이란 자기중심적 편견일 뿐, 고유한 방식이 있을 뿐이다. 그래서 내가 누구인지 알면, 편견의 틀에서 벗어나 자유로워진다. 우리 존재도 그러하다.

일요일 오전마다 방송되는 〈신비한 TV 서프라이즈〉에 나온 이야기다. 영국 여성 '하르남 카우르(Harnaam Kaur)'는 자신의 단점을 장점으로 변화시켰다. 극적인 변화였다. 그녀는 '다낭성 난소증후군'이라는 병으로 남성 호르몬이 많이 분비되어 16살부터 턱수염이 자라기 시작했다. 어린 시절에는 집단 따돌림을 당했고, 자살을 시도할 정도로 심각한 고통을 겪었다. 그러나 지금은 패션계에서 유일하게 '수염 난 유명 여자

모델'이 되었다. 지금 그녀는 오히려 언론의 주목을 받으며 당당하고 아름답게 살고 있다. 그녀 스스로 자기를 인정했기에 단점이라고 생각했던 것이 특별한 장점이 된 것이다.

나도 고유한 존재다. 나도 날 알아가며 인정하는 중이다. 어릴 적부터 난 내성적이고 예민했다. 늘 안테나를 바짝 세운 채 사람들의 기분을 살폈고, 그들의 감정을 느끼곤 했다. 내게 있는 특별함이라 생각지 못했지만, 자라면서 알게 됐다.

2년 전 회사종무식 때였다. 다들 모인 자리에서 대표가 힘들었던 이야기를 꺼내며 울먹거렸다. 그런데 문제는 나였다. 그는 눈물을 삼키며 결국 울지 않았지만, 그 감정을 그대로 흡수한 내 눈에서 눈물이 뚝 떨어졌다. 대표와 눈이 마주쳤을 뿐이었는데, 그의 감정이 고스란히 내게 흡수되었다. 모두가 날 신기한 듯 쳐다봤고, 너무 창피해서 숨고 싶었다.

상대의 감정을 그대로 흡수하는 지나친 공감력이 때론 나를 당황하게 했지만, 이런 단점을 인정하고 다시 보니 오히려 장점이란 것을 알았다. 남다른 예민함은 삶이 주는 선물이었다. 남의 생각과 감정을 잘 느껴서 눈치 봤던 것이 아니라, 그들을 나 자신으로 느꼈기 때문에 힘들었던 것이었다. 남을 나로 느낀다는 것은 곧 그 사람을 그대로 느끼는 공감 능력이었다.

예민한 감각은 공연장에서 청각뿐만 아니라, 촉각으로도 느껴졌다. 소리의 파동이 피부에 와닿으면서, 소리와 함께 공명했다. 공기를 타고 흐르는 음악과 함께 공명하며 몸에 흐르는 '기'의 움직임이 느껴졌다. 명상을 통해 깨워진 이 감각은 음악을 들을수록 점점 더 예민해졌다. 처음엔 뭔지 모른 채 지내다가 한참 지나 책을 통해 발견하게 됐다. 정신과 전문의인 주디스 올로프가 쓴 《나는 초민감자입니다》에서 "초민감자는 교감을 뛰어넘어 타인의 감정뿐만 아니라 에너지와 신체 증상까지 고스란히 받아들이는 사람"이라고 했다.

실제로 병원에서 일할 때, 심전도를 검사하러 온 환자와 눈을 맞춘 직후에 심장의 통증을 느꼈다. 주디스 올로프는 "초민감자들은 극도로 예민해서 외부 자극을 차단하는 필터가 없기에 자신의 내적 중심을 지키면서도 민감성을 발전시킬 수 있는 방법을 찾아야 한다"고 했다. 앞으로 해결해나가야 할 숙제였다. 내면 강화훈련을 하지 않고 그대로 느낀다면 고통스러우므로.

  장미 덤불 사이 민들레처럼 모두가 붉은데 나만 노랗고
초라한 느낌이었다. 그러나 생명을 나누는 민들레의 자기다
움에서 고유한 아름다움을 발견하게 된다. 민감함 또한 나만
의 고유한 아름다움이리라. 새롭게 바라본 '다름'은 타인과
공감하며 '나'를 나눌 수 있는 또 다른 재능이자 장점이다.
나는 행복한 사람이다.

03

즐겁게 춤을 추다가
그대로 멈춰라!

"즐겁게 춤을 추다가 그대로 멈춰라

눈도 감지 말고, 웃지도 말고, 울지도 말고 움직이지 마

즐겁게 춤을 추다가 그대로 멈춰라"

어린 시절 많이 불렀던 동요 가사다. 이 가사 내용처럼 우리네 삶은 춤과 같다. 살다 보면 사람들과 함께 즐거운 춤을 출 때도, '그대로 멈춰' 혼자만의 시간을 가질 때도 있다. "따로 또 같이"라는 말처럼 행복한 삶을 살아가기 위해 '함께'와 '혼자' 사이에서 균형을 이루는 것은 중요하다. 사람들과 있을 땐 마주 보며 춤을 추다가도, 헤어질 땐 멈추고 혼자 있을 수 있어야 관계에서 상처받지 않는다.

나는 어릴 때부터 다른 사람들의 감정을 잘 느꼈다. 특히, 불평, 불만, 불편함 등 부정적인 감정이 더 잘 느껴졌고 그로 인해 어려움을 많이 겪었다. 마치 그들의 감정과 생각이 내 것인 양 느껴졌다. 그러나 가족, 친구들의 욕구에 맞출수록, 내 욕구는 사라졌다. 점차 혼자 있는 시간이 늘었다.

난 여전히 부모님 말씀을 잘 듣는 착한 아이였고, 선생님 말씀은 더 잘 따랐다. 지나치게 순한 학생이었다. 친구들 사이에서도 착한 애로 지냈다. 나 때문에 친구가 불편하기라도 하면 내 가슴이 더 답답했다. 단지 그뿐이었다. 화가 나도 참았다. 화를 내면 싸우게 되고, 또다시 내가 힘들어지기 때문이었다. 점점 수동적이고 소심해졌다. 그 시절 '내 목소리'는 거의 없었다. 고등학교 1학년 때, 반 전체 친구들이 나를 평가했던 '롤링 페이퍼'에 이런 말이 쓰여 있었다.

"너무 조용해서 있는지 없는지 모르겠다. 너 자신을 표현해 봐!"

"삶에 후회가 없다는 건 다들 하는 말이에요. 후회가 없으면 얼마나 재미없을까요."

_영화 〈일대종사〉 중에서

후회가 없는 삶, 즉 실수나 실패 없이 늘 만족스럽게 살아가는 삶이 있을까? 후회가 없다면 오히려 삶은 재미없을 것이다. 늘 만족하는 사람은 없다. 우리 사람은 실수하며 배우고, 후회하며 성장하기 때문이다.

미국 하버드대 조지 산타야나 교수는 "과거를 기억하지 않는 자는 과거의 잘못을 반복하기 마련이다"라고 했다. 이처럼 후회 속에 현재를 바꿀 수 있는 깨달음이 있다. 과거의 후회를 현재로 가져오면 미래를 향한 나침반이 된다.

어릴 적, 가슴 한구석이 답답할 정도로 참으며 살았던 이유는 책 읽기의 영향이었다. 부모님은 장사하시느라 늘 바빴고, 내성적이었던 난 밖에 나가서 친구들과 뛰어놀기보다 조용히 책 읽는 게 더 좋았다. 초등 3학년 때 읽었던 어린이용 《삼강오륜》, 《명심보감》, 《탈무드》 등을 읽으며 인간관계에 대해 깊이 생각해보곤 했다. 늘 친구들의 기분이 신경 쓰였고 더 편한 관계를 맺고 싶었다.

초등학교 3학년 때, 애들이 싸우지 않기를 바라는 마음으로 책에서 읽은 것을 학교 친구들에게 전한 일이 있었다. 책에서 말한 대로 하면 싸움을 중재할 수 있을 것 같았다. "애들아~ 싸우지 말고 서로 이해하자! 상대방의 입장에서도 한번 생각해보는 거야." 하지만 친구들이 좋아할 리 만무했다. 돌아온 답은 "네 말은 다 맞지만, 그렇게는 못 살아!"라는 것이었다. 지금 생각해보면, 쓸데없이 애늙은이란 소리를 들을만한 행동이었다.

애들은 싸우면서 친해지는 법이다. 싸워야 화해하는 법을 배운다. 정들면서 더 친해진다. 그러나 사실은 중재하고 싶다기보다 누군가를 비아냥거리는 걸 듣고 있기 힘들었다. 여자애들 몇몇이 다른 애를 도마 위에 올려놓고 난도질하듯이 채 썰어버릴 때, 마치 나한테 그러는 것처럼 고통스러웠다. 더구나 그 대상자가 내가 보기엔 흠잡을 데 없는 모범생일 때 가슴이 아팠다. 애들은 자신보다 더 잘난 애를 질투했다.

그럴 수 있다. 그러나 그땐 그게 이해가 안 됐다. 그러다 보니 어른들과의 대화가 더 편했다. 이모들이 "어쩜 넌 속이 깊니? 너하고 얘기하면 어른하고 얘기하는 것 같다"라며 칭찬했지만, 나중에 생각해보니 그건 칭찬이 아녔다. 애는 애다워야 했다. 난 애늙이었다. 그러다 보니 동화책이 가장 가까운 친구가 되었다.

어린 시절, 편안한 마음을 얻기 위해 책을 펼치면 그 순간 다른 세계로 접속하는 듯했다. 동화를 읽으면 눈앞에 선명하게 그림이 펼쳐졌고, 소설을 읽으면 등장인물들의 목소리가 생생하게 들렸다. 동화책 전집이 갖고 싶었지만, 엄마는 비싸다며 사주지 않으셨다. 한 권씩 읽는 책들은 갈증이 났다. 그러다가 실컷 읽을 기회가 생겼다.

어느 날, 엄마 친구 댁에 놀러 갔다. 그분 자녀들은 이미 고등학교에 다니고 있던 때라 집에 없었다. 주인 없는 빈방에 들어가 책꽂이의 동화책을 모조리 읽기 시작했다. 오전부터 해 질 무렵까지 방에 콕 틀어박혀 읽었다. 그날 집으로 돌아가기 전까지 최대한 많이 읽었다. 그날의 몰입은 정말 신나는 경험이었다. 수많은 책이 들어간 내 머릿속에는 수백 개의 가상현실 세계가 만들어졌다. 동화 속 주인공들의 단순하고 순수한 모습과 현실 속 친구들을 비교했다.

'현실 세계가 동화와 같다면 얼마나 좋을까' 생각했다. 모두가 잘 지내게 되는 해피엔딩 현실을 꿈꿨다. 큰 소리를 싫어했고, 많은 사람과 있으면 알 수 없이 피곤했다. 그럴수록 혼자 책을 읽으며 '책과의 교감' 시간은 늘어났다.

책과의 교감은 책과 내가 '마주 보고 추는 춤' 같았다. 서로 다른 대상이 함께 울리는 공명현상처럼 말이다. '공명'이란, 서로 다른 것이 일치되면서 '함께 진동하는 것'이다. 공명(共鳴)은 "한 가지로 함께 울리다"라는 뜻이다. 세상의 모든 물체는 각자 자신만의 진동수로 진동한다. 책과 나는 함께 공명했다. 그날 동화책들은 나를 강하게 끌어당겼다. 거의 10시간 이상 책만 읽었다. 엄마가 밥 먹으라고 부르는 소리조차 안 들릴 만큼.

김민기, 조우석의 《행운사용법》이란 책에는 공명에 관한 사례가 나온다. 같은 크기의 소리굽쇠 2개를 가져다 놓고 막대기로 하나의 소리굽쇠를 쳐서 울리면 치지 않은 옆의 소리굽쇠도 같이 울린다. 이런 공명은 '동조 현상' 때문이다. 동조 현상이란 "하나의 진동이 다른 진동과 일치하거나 조화를 이루는 반응"이다.

이 현상을 발견한 17세기 추시계 발명가인 크리스티안 하위헌스는 가지고 있던 여러 개의 시계추가 조작하지 않았는데도 똑같이 흔들리는 것을 발견했다. 매우 당황한 그는 다시 시계추마다 각자 다른 리듬을 갖도록 조절했지만, 또다시 모든 시계추가 가장 강력한 리듬의 시계추와 '완벽하게 일치되는 움직임'을 나타냈다. 요컨대, 가장 강력한 리듬의 파동을 가진 추시계를 따라서 주변 시계들이 똑같이 공명했던 것이다.

이 추시계들처럼 사람의 정신적인 파동도 이런 '동조 현상'을 따른다. 우리가 흔히 알고 있는 '끌어당기는 힘'이란 바로 이런 동조 현상 때문에 일어난다. 가장 강하게 생각하고 믿는 것은 비슷한 리듬과 파동을 지닌 것들을 끌어들인다. 산후조리원에서 아기들은 다른 아기의 울음소리에 흥분한다. 목소리 큰 한 아이가 울면 다른 아기들도 따라 울기 시작한다. 이것도 일종의 공명현상이다.

어릴 적 책과 교감했던 그날의 사건도 공명현상이었다. 전집 동화책을 읽고 싶었지만, 엄마가 사주지 않으셨기에 전집 동화책을 읽을 기회가 나를 끌어당긴 것이다. 이처럼 공명의 법칙은 우리의 생각, 말, 감정과 유사한 파동을 지닌 것들이 함께 진동하며 끌어당기는 현상을 의미한다.

보이지는 않지만, 사람은 생각의 파동을 내보내고 있다. 내 경우처럼, 사람과 물체가 공명하기도 하고, 사람과 사람이 공명하기도 한다.

한 사람은 하나의 소우주다. 그래서 관계란 우주와 우주의 만남이다. '나라는 우주'를 100% 있는 그대로 인정하고, 상대의 우주도 100% 인정해 줄 때 나의 우주와 너의 우주는 '1:1의 균형'을 이루며 하나로 연결된다. 그리고 서로의 생각 파동에 공명하며 함께 춤을 출 때, 우리는 관계의 아름다움을 경험한다.

04 가장 나다운
모습으로

　'사랑'은 인간이 겪는 가장 소중한 경험이지만, 가시를 품은 장미처럼 따끔했다. 멀리서 보면 아름다웠지만, 가까이서 꺾으면 가시에 찔렸다. 그래서 사랑은 가장 귀하고 행복한 경험이면서 가장 큰 상처를 주기도 한다.

　누구나 그렇듯 난 어려서부터 사랑을 얻기 원했다. 부모님, 선생님, 친구의 사랑을, 자라선 연인의 사랑을 갈구했다. 사랑을 받기 위해 본능적으로 터득한 방법은 내면의 소리를 줄이는 것이었다. 그렇게 하다 보니 상대의 목소리가 커졌다. 나는 그들의 욕구에 맞춰줘야 사랑받을 수 있다고 착각했다. 그래서인지 늘 타인의 표정을 살폈고 감정을 읽었다. 사랑을 얻어내기 위해 나를 잃었다.

20대 시절, 겉으론 밝고 쾌활했지만, 속은 외로웠다. 이렇게 불안정한 감정을 가진 채 러시아에 교환학생으로 어학연수를 다녀왔다. 학교 친구들과 기숙사에서 함께 지내다가 정해진 기간이 끝난 후에도 공부를 더 하고 싶었다. 그래서 우리는 월세가 저렴한 러시아 가정집으로 뿔뿔이 흩어졌다. 그렇게 러시아 할머니와 단둘이 지내고 대화하면서 언어는 늘었지만, 한국인들과 교류하며 느끼는 우리만의 정서는 많이 잃었다. 이내 향수병에 걸리고 말았다.

그러다 당시 나를 친절히 챙겨준 한 유학생에게 마음을 의지했다. 외로운 상황에서 생긴 마음이었기에 한국에 돌아왔을 때 갈등이 생길 수밖에 없었다. 그러나 그는 내 마음을 모른 채 상견례를 서둘렀다. 결혼식 날짜가 정해진 그날에도, 결혼식 전날에도, 내 마음에서는 다시 한번 생각해보자고 말하고 싶은 마음이 간절했다. 내 마음은 확실히 거부하고 있었지만, 차마 확신이 없다는 말은 할 수 없었다. 모두에게 알려진 결정이었고, 사람들에게 실망감을 주기 싫었다. '저 사람이 날 사랑하니까 행복할 거야'라고 애써 위로하며 결혼했다.

예정된 결과였을까. 신혼 초부터 참 많이도 싸웠다. 친정인 용인 수지에서 멀리 떨어진 경남 김해에 살면서 멀어진 친정과 친구들을 향한 그리움이 사무쳤는데, 남편에게 원망과 불평을 퍼부었다. 남편은 그런 날 이해하거나 받아주지 않았다. 남편과 잘 맞지 않았다. 교제 당시 전화와 이메일만으로 서로를 알아가기엔 역부족이었던 것이다. 그러나 이미 늦어버렸다. 감성이 풍부해 여러 감정을 느끼는 나와는 달리, 남편은 그야말로 이성적인 사람이었다. 원래 대화가 잘 통하지 않는 상대라는 걸, 너무 늦게 알아차렸다.

　그러다 덜컥 신혼 초에 아이가 생겼고, 시간은 정신없이 흘렀다. 남편은 러시아 출장으로 장기간 집을 비웠다. 아기와 둘만 지내면서, 외로움도 깊어졌다. 산후우울증을 간신히 버티고 견뎌냈다. 베란다에 서서 아래를 내려다보면 내려오라는 환청이 들렸다. 감성의 주파수가 맞는 사람만 찾았기에 주변 이웃들에게도 쉽게 마음을 열지 못했다. 알 수 없는 이유로 피부가 따가웠고, 몸 여기저기에 염증이 생겼다. 아이를 어린이집에 보내고 수액을 맞는 날이 점점 늘었다. 당시는 잘 몰랐다. 마음이 아프면 몸도 아프다는 것을.

어느 날, 대학 선배에게 연락이 왔다. 그는 '진짜 사랑'했던 사람이었다. 대학 시절 참 잘 통했지만 친해지기 시작할 무렵 그의 어머님이 갑자기 편찮으셨다. 그는 휴학했고, 연락도 끊겼다. 그러다 다시 연락하게 됐는데, 그와의 대화 속에서 따뜻한 포근함을 느꼈다. 그는 아무도 모르는 상처받은 '내면의 진짜 나'를 꺼내어 있는 그대로 안아주었다.

"넌 아무 잘못 없어. 너무 착하고 예민해서 힘들었던 것뿐이야."

그는 부모님의 강한 기에 눌려 주눅 들어 살았던 성장 과정, 내향적 성격, 풍부한 감성 등이 마치 거울 속 내 모습처럼 똑같이 닮아있었다. 모든 것이 잘 통했다. 그는 부모님만 아프지 않았다면 나와 결혼했을 거라며 아쉬움을 내비쳤다. 전화 통화만 했을 뿐인데 날 향한 감정을 쏟아냈다. 내가 없으면 죽을 것 같다는 여린 감성에 나도 마음이 많이 흔들렸다.

친정에 올라갔을 때 그를 몇 번 만나면서 깊어졌다. 남편과의 갈등은 봉합되지 않은 채 점점 멀어졌고, 내면에 깊은 갈등을 겪다가 결국 이혼하게 됐다. 그렇게 5년간의 첫 결혼

생활은 끝났다. 연인이 되어준 그는 이혼의 죄책감과 고통을 옆에서 묵묵히 지켜보며 위로했다.

남편에게선 못 받은 사랑을 연인에게선 받았다고 느꼈던 이유가 뭘까? 난 교감, 공감, 인정을 받고 싶었다. 이것이 내가 원하는 사랑의 형태였다. 남편은 날 이해하지 못한다고 생각하며 불만이 쌓였지만, 연인은 내 모든 것을 이해하고 알아주고 공감해주었다. 그러나 시간이 지나서야 알았다. 그 생각 또한 내가 만들었음을.

물리학자면서, 성공한 사업가였던 레스터 레븐슨의 《깨달음 그리고 지혜》라는 책에서는 '결혼생활이 불행한 이유'에 관해 다음과 같이 말한다.

"대부분 애정 관계에서 상대방에게 얻고자 하는 것은 거의 다 상대의 인정이다. 그 때문에 사람들 대부분은 결혼생활이 행복하지 않다. 그들은 상대의 인정을 받고자 허구한 날 서로를 들볶는다. 그것이 결혼생활의 불행을 재촉한다."

그 시절의 난 허구한 날 인정받으려고 싸웠다. 그마저도,

결혼생활 내내 남편은 거의 집에 없었고 외로웠다. 영화 〈안나 카레니나〉에는 이런 문장이 나온다.

"나를 버리고 그를 갖고 싶었다."

나의 모든 것을 버려서라도 사랑을 갖고 싶었다. 그러나 가지려 할수록 가질 수 없었다. 사실 사랑은 주는 것이다. 그러나 난 받은 다음 주었다. 조건을 내세운 이기적 사랑이었다. 영화 〈안나 카레니나〉에서 안나가 브론스키의 끝없는 애정 공세를 외면하지 못했는데, 나도 그의 순수한 열정에 행복해했다.

14년 전, 31살의 난 이기적이었다. 아무것도 보이지 않을 만큼. '진짜 날 이해해주는 사람'을 만났다고 생각했지만, 선택의 갈림길에서 갈등한 것은 남편이냐 연인이냐가 아녔다. 진짜 갈등은 엄마이자 아내로서 '의무적인 삶'을 살 것인가, '진정한 사랑'을 찾을 것인가의 선택이었다. 당시의 난 무조건 행복해지고 싶었다.

그리고 나만을 생각하는 이기적 선택을 했다. 그 후로 〈안나 카레니나〉에서 안나가 두고 온 아이 생각에 괴로워하듯 나도 매일 밤 죄책감에 시달렸다. 아무도 몰랐지만, 나 스스로 '주홍글씨'를 내 가슴에 새겼다. 오랫동안 친구처럼 옆에 있어 줬던 연인은 자신을 사랑하지 못하고, 자기연민에 빠졌다. 나도 날 사랑하지 못했다.

날 사랑하지 않으면 남에게서 인정받으려고 한다. 날 사랑하지 않으면 다른 사람을 있는 그대로 사랑할 수 없다. 서로에게 바라는 것이 늘어날 뿐이다. 자기연민, 열등감 속에서 서로에 대한 기대가 늘면서 사랑이라 기대했던 모든 관계는 틀어지고 만다.

이혼 후, 아이에 대한 연민과 죄책감으로 10여 년을 살았다. 그러다 어느 온라인 카페의 또래 모임에 나갔다. 거기서 온몸의 신경이 뒤틀려서 걷기 힘든 한 장애인 친구를 만났다. 그 친구는 내게 집착하며 안 만나주면 도로에 뛰어들겠다고 했다. 그대로 죽게 내버려 둘 순 없었다. 칠삭둥이로 태어나 평생 누군가의 사랑을 갈구했던 그가 불쌍했다.

한편, 감성적 시를 쓰며 내 마음을 움직였고, '신기'가 있어서 보이지 않는 세계를 보는 그의 이야기도 재밌었다. 그 친구는 제발 자기를 버리지 말아 달라며 혼인신고를 해달라고 했다. 내 삶은 허무했고, 그에게 위로가 되고 싶었다. 그렇게 부모님도 모르게 그가 하자는 대로 혼인신고를 했다. 그땐, 희생도 사랑이라고 착각했다.

3개월을 버티다가 두 번째 이혼하고 말았다. 그 친구와 함께 있을 때 가장 힘들었던 것은 다른 이들의 시선이었다. 지하철과 버스에서 사람들의 시선은 일제히 나를 향했다. 수많은 사람의 동정 어린 시선은 견디기 힘들었다. 또한, "누군가를 돌봐주는 삶이 보람 있다"는 것도 나만의 착각이었다. 난 희생적인 사람이 아니었다. 딱 거기까지였다. 결국, 내가 '살기 위해' 이혼했다. 희생은 사랑이 아니었다. 누군가에게 '도움이 되어야만 가치 있는 삶'이라는 생각 자체가 크게 잘못되었음을 알았다.

44년의 삶을 되짚어보며 '내면 여행'을 시작했다. 어디서부터 잘못된 건지 알고 싶었다. 아무것도 이룬 것은 없었지만, '나'라는 존재만으로 충분함을 알았다. 나를 안다는 것은 중요했다. 나에 대한 깊은 이해 없이는 모든 고통은 반복되었다. 두 번의 이혼을 겪으며 내게 소홀했음을 알았다. 남을 신경 쓰기 전에 나부터 소중하게 챙겨주었어야 했다. 내가 나를 존중하지 못하는데, 어느 누가 날 존중해 주겠는가.

자신에 대한 깊은 이해와 존중은 진정한 자기사랑의 시작이었다. 자신을 있는 그대로 사랑하는 사람은, 남들이 뭐라건 자신을 믿는다. 앞길에 무엇이 있건 일단 시작할 수 있는 용기가 생긴다. 내면의 목소리를 따라 과거의 나를 조금씩 벗었다. 다니던 직장을 그만두었고, 책을 쓰기 시작했다. 도전은 계속될 것이다. 그 속에 설레는 삶이 있으므로.

행복한 삶이란, '가장 나다운 모습'으로 살아가는 것이다. 규격화된 사회가 요구하는 틀에서 벗어나기 원했다. 가족과 친구, 동료들이 만들어놓은 가짜 나를 버리고 싶었다. 스스로 만든 '자기 비하적 열등감'에서 벗어나려고 했다. 이 세 가지의 껍질을 벗고 나만의 중심을 잡을 때 '자연스러운 내'가 되었다.

그동안 삶이 불행하다고 느낀 이유는 남의 시선을 신경 쓰느라 한순간도 나답게 살지 못했기 때문이었다. 눈치 보지 않고 나만의 기준에 따라 사는 것이 자유였다. 가장 나다운 편안한 모습으로, 자연스럽게 살아가는 게 진정한 행복이었다.

자연은 언제나 그대로 변함없이 내 곁에 있었다.
그들은 그저 자기가 있어야 할 곳에 있었던 것뿐인데
나는 자연으로부터 에너지를 받고 힘을 얻었다.

아무도
나를 대신할 수는 없어

작가

이미경

커뮤니티 운영 전문가, 기업 교육 강사, 동기부여가

미국 뉴욕(New York)에서 10여 년간 기업 디렉터로 쌓아 올린 잘 나가는 스펙을 뒤로 하고, 진정 자신이 원하는 행복을 찾아 무작정 한국으로 다시 들어왔다.

자타공인 '감사 마니아'라고 불리는 그녀는, 몸과 마음이 힘들던 암울한 시절, '감사합니다'라는 단어를 하루에 100번씩 6개월을 써 내리는 것으로 우울, 무기력, 이명 증상을 극복하면서 희망을 되찾았다. 그때부터 그녀는 자신의 경험을 바탕으로 믿게 된 '조건 없는 감사의 힘'을 주변 사람들에게 적극적으로 알리기 시작했다.

글을 쓰며 마음 깊이 담아두었던 상처들을 마주할 수 있었고, 자연스러운 내면의 치유를 경험했던 그녀는 네이버 블로그 '힐링 숲(Healing Forest)'에서 그 누구에게도 찾아볼 수 없는 강력한 사랑 에너지와 행복 영향력을 많은 사람과 나누며 소통하고 있다. 보이는 것을 넘어, 내면의 아름다움이 세상을 바꾸게 됨을 알게 된 그녀는, 과거의 자신과 같이 마음에 상처를 가진 사람들에게 진정한 치유를 느낄 수 있도록 가이드하는 작가와 동기부여가로서 푸른 세상을 만들어 가고 있다.

자연, 책, 아이들을 사랑하며 내면의 순수함을 죽을 때까지 지켜가는 것이 삶의 목표라고 말하는 그녀는 17년간 한국과 미국에서 고객 서비스 매니저, CS 강사, 기업 교육 강사, 호텔 코디네이터, 영어 캠프 디렉터 등 다양한 사람과 맞닿은 다채로운 직업을 경험했으며, 지금은 한국에서 새로운 영향력을 만들어가는 작업에 몰두하며, 그녀를 따르는 많은 사람을 치유하는 숲지기 역할을 하고 있다.

E-MAIL mayalee2012@naver.com
BLOG blog.naver.com/mayalee2012
INSTAGRAM @healing_for_rest

01
나는
10 Years 변두리 뉴요커입니다

내가 태어나 자란 곳은 농사를 짓는 시골은 아니었지만, 자그마한 텃밭이 있고 마을 뒤편에는 나지막한 산이 있는 작고 조용한 동네였다. 놀이터도 하나 없었지만, 자연을 벗 삼아 온 동네를 놀이터 삼아 산으로 계곡으로 놀러 다니곤 했다.

청소년기에 접어들면서 더는 밖에 나가서 뛰어놀지 않았다. 내 삶의 무게중심은 도시로 옮겨졌다. 친구들과 시내에서 만났고, 패스트푸드점에 가고, 노래방에 가고, 때로는 커피숍에서 시간을 보냈다. 방학이 되면 서울에서 직장 생활을 하는 언니 집에 올라가 1주일씩 보내기도 했다. 지방의 작은 도시와는 비교도 할 수 없을 정도로 신기한 것 투성이인 서울을 동경했던 것도 그때였다. 그때부터 나는 번화한 도시가 좋아졌다. 그리고 도시인이 되고 싶어 서울로 상경할 방법을 찾았다.

대학을 졸업한 후 고향 마산에서 취업하고 2년 넘게 직장 생활을 하다가 서울로 직장을 옮기면서 꿈꿨던 서울살이를 하게 됐다. 바쁜 도시 생활에 익숙해질 때쯤 미국으로 가게 되었는데, 미국에서도 사람들이 제일 많고 바쁜 도시, 뉴욕으로 가게 되었다. 진정한 도시인으로 거듭날 기회가 내게 온 것이다.

뉴욕시에 사는 이들은 자신을 '뉴요커'라고 부른다. 매력적인 도시 뉴욕만큼이나 뉴요커라는 이름이 가진 특별함이 마음에 들었다. 복잡한 빌딩 숲과 바쁘게 돌아가는 도시 뉴욕에서 나도 뉴요커가 된 것이다.

그런데 시간이 지날수록 내가 꿈꾸었던 뉴욕 생활의 환상은 현실로 다가오기 시작했다. 출퇴근을 위해 매일 드나드는 지하철은 기분 나쁜 냄새가 진동했고, 인상을 찌푸리게 했다. 길거리에는 노숙자가 너무 많았고, 5분마다 도로에 울리는 경찰 사이렌 소리가 나의 신경을 곤두서게 했다. 내가 너무나 좋아한 미국 시트콤 〈프렌즈〉에서 봤던 뉴욕 젊은이들의 여유와 낭만은 나의 뉴욕 생활과는 거리가 먼 듯했다.

도시의 삶에 조금씩 지쳐가고 있을 때, 맨해튼에서 두 시간 반 북동쪽에 떨어진 엘렌빌이라는 곳으로 직장을 옮기게 되었다. 처음 그곳에 갔을 때는 너무 시골이라 많은 것이 불편하리라 생각했다. 도시와 너무 멀리 떨어져 있었고, 맨해튼에서는 한 블록에 하나씩 있는 그 흔한 스타벅스도 차로 30분 거리에 있는 미들타운에 나가야 볼 수 있었다. 이미 도시의 삶에 적응했던 나라서 시골에서 잘 적응할 수 있을지 의문이 들었지만 일단 부딪혀 보기로 했다.

사방이 나무로 둘러싸인 숲에서 마음에 고요와 평화를 느꼈고, 하루 이틀 지나면서 자연스레 적응할 수 있었다. 아침에 눈을 뜨면 제일 먼저 들리는 새들의 지저귐은 언제나 나를 행복하게 했다. 흔하게 볼 수 있는 사슴과 두더지, 스컹크, 고슴도치 등 야생 동물들까지 도시의 삶에 팍팍함을 느꼈던 나에게 모든 것이 신기하고 즐겁기만 했다. 내가 아주 어렸을 때 시골 동네에서 자연을 벗 삼아 놀았던 그때로 다시 돌아간 기분이었다.

"자연계에서 등을 돌리는 것은 결국 우리 행복에서 등을 돌리는 것과 같다"라는 사무엘 존슨의 말처럼 자연에서 등을 돌린 채 행복을 찾고 있었다는 걸 알게 되었다.

뉴욕 변두리에 살면서 내가 가장 행복했을 때를 꼽으라면 늦은 밤, 밤하늘을 올려다볼 때였다. 가로등도 하나 없는 캄캄한 공간에서 밤하늘을 올려다보면 무수히 많은 별이 보였다. 은하수도, 별똥별도 볼 수 있었다. 셀 수 없이 많은 별을 볼 때면 내가 우주라는 커다란 공간에 있다는 것을 새삼 깨닫곤 했다. 그리고 내가 사는 이 지구라는 행성이 저 많은 별 중 하나일 뿐이고 그곳에 사는 나는 얼마나 작은 존재인지를 느껴지면서 한없이 겸손해지기도 했다. 매일 밤 밤하늘을 올려다보며 나는 별들로부터 위로받고 치유받았다.

불편한 것도 많은 시골살이였고, 때로는 업무 스트레스에 지치기도 했다. 사람들과의 관계 때문에 상처를 주고받기도 했다. 하지만 자연은 언제나 그대로 변함없이 내 곁에 있었다. 그들은 그저 자기가 있어야 할 곳에 있었던 것뿐인데 나는 자연으로부터 에너지를 받고 힘을 얻었다.

내가 정말 좋아하는 작가 헨리 데이비드 소로는 보스턴

외곽의 콩코드 숲에 있는 월든 호수 옆에 오두막을 짓고 2년 2개월 2일 동안 혼자서 살았다. 숲에서의 삶을 기록한 책이 《월든》이다. 소로는 말했다.

"우리는 길을 잃은 뒤에야, 바꿔 말하면 세상을 잃은 뒤에야 비로소 자신을 찾기 시작하고, 우리가 지금 어디쯤 있는지, 세상과의 관계는 얼마나 무한한지를 깨닫기 시작한다."

나는 소로처럼 자발적으로 숲속으로 들어간 것은 아니었다. 하지만 자연과 가까이 살면서 비로소 나의 존재를 알게 되었다. 나는 자연에서 왔고 나는 자연의 일부다.

자연이 놀이터였던 나의 동네에서 그 속에 파묻혀 놀던 그때가 지금 생각해보면 가장 행복했던 것 같다. 자라면서 편리함을 추구하게 되었고 그래서 도시의 삶을 동경했지만 결국 자연으로 돌아왔을 때 나는 마음의 평화를 얻고 바쁜 일상에서도 자연으로부터 에너지를 받고 채울 수 있었다.

한국으로 돌아와 다시 도시에 살게 되었지만 이제 나는 내가 어디에 있든지 자연을 가까이 두려고 한다. 길가의 가로수 한 그루도 내게는 자연의 일부이고, 동네 하천도, 뒷산도 내 곁에 가까이 있음에 안도하고 감사함을 느끼게 되었다. 어쩌다 들리는 까치의 울음소리가 반갑고, 따스한 햇살, 그리고 뉴욕 변두리만큼 많은 별이 보이지는 않지만 그래도 밤이면 반짝이는 별들을 볼 수 있어 감사하고 행복하다.

진정한 나를 발견하게 해 준 10년간의 변두리 뉴요커 생활을 감사하게 생각한다. 자연과 하나 될 수 있었던 그 시간이 아니었더라면 나는 아직도 나의 존재 가치를 모른 채 살아가고 있었을 것이다. 그리고 채워지지 않는 마음에 공허함을 느꼈을 것이다. 자연에 있을 때 가장 편안하고 행복해하는 나를 발견할 수 있어서 너무나 감사하다.

자연이 내게 주는 에너지, 그 안에서 나는 충만한 행복을 느낀다.

02

'할매 이미경', 만나보실래요?

고객서비스 매니저, 기업교육 강사, 웰니스 코디네이터, 영어 캠프 디렉터, 영어 강사. 내가 지금까지 거쳐 온 나의 직업들이다. 이 일들의 공통점은 사람들 앞에 서는 일이다. 단정한 외모와 옷차림은 기본이고, 프로다운 행동을 보여야 고객들에게 신뢰를 쌓을 수 있었다. 하지만 일을 하지 않을 때나는 가장 편안한 나의 원래의 모습으로 돌아간다. 그 모습은 '할매'를 닮았다.

'40대 젊은 할매' 이미경을 만나보실래예?

내 고향은 경상도다. 내게 표준어는 경상도 사투리였기에 일을 시작하면서 되도록 사투리를 쓰지 않으려고 노력했다. 그것이 훨씬 프로다워 보인다고 생각했기 때문이다. 피나는 노력 끝에 완벽하지는 않았지만, 그래도 표준어에 가깝게 말을 쓰게 되었다.

그러나 나의 이러한 노력에도 불구하고 미국에 10여 년 사는 동안 사투리가 더 늘었다. 아이러니하게도 내 주변의 한국 사람들 90%가 경상도 출신 사람들이었기 때문이다. 회귀 본능이었던 것일까? 어느새 나는 주변 사람들에게 동화되어 아주 자연스럽게 사투리를 쓰게 되었다. 마치 경상도 토박이 할머니처럼. 그리고 영어도 경상도 사투리처럼 하는 재주가 덤으로 생겼다.

나는 꽃무늬를 좋아한다. 주로 머그잔이나 장식품, 액세서리 같은 것을 살 때면 자연스럽게 알록달록한 꽃무늬에 눈길이 간다. 언니들과 친구들은 나의 이런 취향을 촌스럽다고 말한다. 나이답지 않다며 핀잔을 주기도 한다. 이것도 할매 감성인가. 자연을 좋아하는 나로서는 너무나 당연한 취향이지만, 다른 사람들 눈에는 그렇지 않은가 보다. 뭐 어쩌랴 내가 좋으면 그만이지.

　나의 올드 패션 또한 할매스러움을 더한다. 변두리 뉴요커로 10년을 살면서 나는 유행이라는 단어와 거리를 두고 살았다. 나는 그 점이 너무 좋았다. 옷장에서 5년 전 옷을 입든, 10년 전 옷을 입든, 아무도 나를 이상한 시선으로 보지 않았기 때문이다. 내가 좋고 내가 편한 옷이면 그만이었다. 하지만 한국에 다시 돌아오니 내가 가진 옷은 모두 촌스러운 옷들이 되었다. 초반에는 개의치 않았지만, 주변에서 만류했다. 한국에서는 그렇게 입고 다니면 안 된다고. 화장도 더 신경 써야 한다고 했다. 거울로 봤을 때 전혀 이상해 보이지 않는데도 말이다.

　나는 마트보다 재래시장을 더 좋아한다. 깨끗하게 진열된 마트에서 쇼핑하는 편리함도 좋지만, 재래시장의 빨간 플라스틱 대야에 담겨있는 채소들과 과일들, 물건을 사면 덤으로 하나씩 끼워주시는 상인들의 정, 천원을 두고 흥정하는 재미 등 볼거리가 가득한 재래시장이 훨씬 더 큰 재미가 있다.

홈쇼핑과 인터넷 쇼핑이 너무나 잘 발달한 한국이지만 직접 내 눈으로 보고 물건을 사는 게 아직은 더 좋다.

매일 집에서 샤워하지만 대중목욕탕에 가는 걸 좋아한다. 따뜻한 물이 가득 담긴 욕탕에 앉아 있으면 한 주 동안에 쌓였던 스트레스가 풀리는 걸 느낀다. 몸이 무겁게 느껴지거나 찌뿌둥한 기분이 들 때면 대중목욕탕 생각이 간절해진다. 평일 낮에 목욕탕에 가면 내 주변은 모두 할머니들뿐이다. 그 시간에 젊은 사람은 잘 오지 않는데 나는 그 틈에서 너무나 편하게 목욕하곤 했다. 할매들과 함께하는 그 자리에 전혀 위화감을 느끼지 않는다.

아이를 대하는 모습도 그렇다. 얼마 전에 친구네 집에 놀러 간 적이 있다. 백일을 조금 지난 친구 아들내미가 예뻐서 함께 놀아줬다. 나와 눈을 맞추며 웃고 있는 아기가 너무 예뻐서 계속 웃겨 주려고 재롱을 조금 부렸는데, 그 모습을 보고 있던 친구가 친정엄마와 내가 똑같다며, 아기랑 노는 모습을 동영상으로 찍어 내게 보여줬다. 그리고 친정엄마가 아기랑 노는 걸 찍은 비디오도 보여줬다. 도대체 어디가 다르냐며 나에게 찾아보라고 했는데, 인정하지 않을 수 없었다. 친구 엄마의 영상엔 내가 있었다. 솔직히 다른 점이 잘 보이지 않았다. 표정과 말투, 행동 모든 것이.

차가운 음료를 좋아하지 않아 한여름에도 따뜻한 아메리카노를 즐긴다. 쌀 과자 종류는 다 좋아하고 시장에 파는 강냉이나 뻥튀기도 좋다. 호기심이 많고, 사람 구경하기를 좋아한다. 내가 무언가를 가지고 있으면 하나라도 덜어서 누군가에게 주고 싶어 한다. 손이 커서 음식은 2인분 이상을 만들고, 나눠 먹으려고 일부러 많이 하기도 한다. 혼자 있을 때나, 친구와 같이 있을 때도 혼잣말을 잘한다. 아이들을 좋아하고 아이들과 잘 논다. 지하철에서 처음 보는 사람과 쉽게 대화하는 할매들처럼.

여자 아이돌 마마무의 멤버인 화사가 예능 프로그램 〈나 혼자 산다〉에 출연해 엄청난 이슈와 인기를 끌었다. 무대에서 보여줬던 카리스마 넘치고 화려한 모습은 온데간데없고,

무대에서 내려온 그녀의 모습은 내추럴을 넘어 야생에 가깝다고 봐야 했다. 헐렁한 파자마와 대충 묶어 올린 머리, 생얼까지 누구도 예상 못 한 모습을 TV 예능 프로그램을 통해서 있는 그대로 보여주었다.

대부분의 아이돌 여자 가수가 이미지 관리를 위해 사생활은 노출을 철저하게 꺼린다. 그렇기에 화사가 보여준 모습은 어쩌면 대중의 기대를 무너뜨릴 수도 있었지만, 반응은 정반대였다.

나 또한 아이돌처럼 사람들 앞에서 사람들의 시선을 받으며 일하다 보니 겉으로 보이는 모습에 에너지를 많이 쏟았다. 하지만 그것은 일을 위해 연출한 모습일 뿐이지, 진짜 내 모습은 할매에 가까운 내추럴한 모습인 것 같다. 나는 여전히 유행에 민감하지도 못하고 화장하는 것도 서툴며 디지털보다 아날로그를 선호한다. 그래도 뭐 어떠랴! 내가 좋고 행복하다면 그만이지!! 있는 그대로의 나를 인정하고 받아들일 때 내 마음에는 행복이 느껴진다.

03 나는 자유로운 영혼을 가졌습니다

어릴 적 나는 유독 하늘과 구름과 바람을 좋아했다. 지금도 기억나는 어린 시절의 한 장면이 있다. 마루에 걸터앉아 하늘과 구름을 바라보며 바람을 느끼던 내 모습이다.

재미있는 상상을 해본 적이 있다. 알라딘 요술 램프의 지니가 하늘, 구름, 바람 중에서 되고 싶은 것 하나를 말하라고 한다면, 나는 주저 없이 바람이 되게 해 달고 소원을 빌었을 것이다. 어느 한곳에 머무르지 않고 세상을 자유롭게 다니는 바람, 나는 그 바람이 되고 싶었다. 어린 시절부터 바람의 자유로움을 동경한 나는 자유로운 영혼이었다.

고교생 때, 한비야 씨가 쓴 《바람의 딸, 걸어서 지구 세 바퀴 반》을 읽고, 나도 한비야 씨처럼 전 세계를 돌아다니는 여행가가 되겠다는 꿈을 꾸었다. 난 바람같이 자유로운 영혼이 될 거라고 생각했다. 하지만 현실은 내 마음대로 되지 않았고, 아르바이트해서 돈을 모아도 여자 혼자서는 절대 배낭여행을 보낼 수 없다는 가족들의 반대에 부딪혀 꿈을 펼쳐보지 못한 채 접어야 했다.

조금 더 용기를 냈더라면 도전해 봤을 텐데 20대의 나는 겁이 많았고 낯선 세상에 대한 두려움이 컸다. 그리고 나는 한비야 씨만큼 특별하지 않다고 스스로 자존감을 낮추어 버리며 도전하지 못한 나의 부족함을 합리화했다. 그리고 꽤 오랜 시간 동안 자유로운 영혼에 대한 나의 바람은 가슴 속 깊숙이 묻어 두어야만 했다.

30대 중반이 되고서야 혼자서 여행할 용기를 얻었다. 서른 살에 미국으로 이주한 후 낯설었던 미국 생활에 적응하기 위해 온몸으로 부딪혀야만 했다. 너무 늦은 나이였을까? 그러나 늦바람이 무섭다고, 그간 꾹 눌러왔던 여행에 대한 욕구를 하나씩 풀어내기 시작했다. 그 과정에서 나는 조금 뻔뻔해졌고 말이 안 통해도 살아남을 수 있는 노하우를 체득했다. 그리고 혼자서 여행을 다니기 시작했다.

LA, 마이애미, 라스베이거스, 유타, 세도나, 나이아가라 폭포, 보스턴, 캐나다 퀘벡 등 세계 일주는 아니었지만, 각 주마다 특색을 가진 미국을 느끼며 자유롭게 돌아다녔다. 게스트하우스에서 낯선 여행자들과 한 방에서 자는 것도 재미있었고, 에어비앤비 숙소의 마음씨 좋은 주인 할머니와도 친구가 될 수 있었다. 생각보다 세상은 위험하지 않았다. 나는 여행을 통해 내가 자유로운 영혼이 되었다고 생각했다.

하지만 매일매일 여행의 연속이 될 수는 없었다. 휴가는 반드시 끝이 나게 되어있었고, 나는 다시 집으로 직장으로 돌아와 출근해야 했다. 어느 날부터 나는 조금씩 매너리즘에 빠지기 시작했다. 휴가와 여행을 통해 더는 영혼의 충전이 되지 않았고, 나는 주변 환경과 업무로 인해 스트레스를 쌓아가고 있었다.

내가 꿈꾸었던 자유로운 영혼이 되기 위해 열심히 여행을 다녔지만, 그것만으로는 내 영혼이 자유로워지지 않는 것 같았다. 나는 딜레마에 빠졌다. 딜레마가 계속되면서 우울증이 찾아왔다. 처음에는 대수롭게 생각하지 않았는데 극도로 예민해지고 결국 내 몸에도 이상이 생겼다. 자고 일어났는데 허리를 펼 수 없을 만큼 허리가 아팠다. 그리고 왼쪽 귀에는 스피커가 켜진 것처럼 내 목소리가 울리는 이명 현상이 생겼다. 병원에 가서 검진을 받았는데 아무 이상이 없다는 의사의 소견을 받았다. 내 몸은 너무나 힘들고 아픈데 체온도, 혈압도, 뼈도 모두 다 정상이라고 했다. 이것이 말로만 듣던 심인성질환(psychogenic disease)이구나 싶었다.

나는 스스로 나를 구원하기로 결심했다. 주변의 만류에도 불구하고 일을 그만두었다. 짧은 휴가만으로 내가 온전히 정상이 되지 않을 거라는 것을 느낄 수 있었기 때문에 그렇게 선택할 수밖에 없었다. 그리고 나의 선택은 결국에는 옳았다.

일을 정리하고 간 곳은 대서양에 있는 바하마의 한 섬에 있는 요가 리트리트 센터였다. 그곳에서 6박 7일간의 요가 프로그램을 받으면서 온전히 나에게 집중하는 시간을 가졌다. 내가 예상했던 것보다 그곳은 훨씬 더 아름다웠다. TV나 인터넷으로만 보던 지상낙원의 한 장소 같은 에메랄드빛 바다와 하얀 백사장과 수평선, 잔잔하게 밀려오는 파도까지 모든 것이 내게 힐링의 시간을 선물해 주는 느낌이었다.

그곳에서 나는 내가 원하는 대로만 움직였다. 늦잠을 자고 싶으면 늦잠을 자고, 몸이 피곤하면 요가 시간에도 참석하지 않았다. 식사는 하루 두 번 제공되는 채식 위주의 식단으로 든든히 배를 채웠고, 커피를 제공하지 않는 리트리트 센터의 규칙 때문에 커피를 마시고 싶으면 해안 길 따라 20분 정도 걸어 스타벅스를 찾아다니곤 했다.

난 자유로웠다. 온전히 원하는 것만 하고 원하지 않는 것은 하지 않는 자유를 만끽했다. 파도를 보며 일명 멍 때리기를 자주 했고, 영롱한 조개껍데기를 주우며 오후 시간을 보냈다. 그러다가 또 피곤함을 느끼면 해먹에 누워 낮잠을 잤다.

그리고 문득문득 떠오르는 생각들, '지금까지 살아오면서 내가 정말 원하는 것만 하고 살아온 것일까?' 나는 무엇을 위해서 그렇게 열심히 달려온 것인지 생각해보게 되었다. 내가 원했던 것보다 해야 하니까 했고, 남들 눈치가 보이니까 했던 것들이 더 많았다. 나보다 가족들과 다른 사람들의 눈에 마음에 들기 위해 애를 썼다.

그때 난 '자유로운 영혼의 진정한 의미가 무엇일까?' 하고 생각해보게 되었다. 어린 시절부터 꿈꾸었던 자유로운 영혼이란 세계 방방곡곡을 누비며 방랑자처럼 여행하는 것이었다. 하지만 여행을 다닌다고 해서 나의 영혼이 온전히 자유롭다고 말할 수는 없는 것 같았다. 내가 살아있는 한 육체와 영혼은 함께할 수밖에 없기 때문이다.

그제야 나는 자유로운 영혼이란 몸의 자유가 아니라 내면이 자유로워야 한다는 것을 깨달았다. 내 안에서 내 생각을 가두는 벽이 없고, 내가 원하는 것과 원하지 않는 것을 선택하고 행동할 자유, 다른 사람의 시선과 비판에 당당히 마주 설 수 있는 용기를 지니는 것, 그러면서도 나를 사랑하듯 타인과 세상을 사랑하는 마음을 가진 따뜻한 영혼을 가진 그런 사람이 바로 자유로운 영혼의 소유자이다.

"신은 길을 보여 주기 위해 길을 잃게 한다."

류시화 시인의 산문집 《새는 날아가면서 뒤돌아보지 않는다》에 있는 글귀다.

내가 내 몸을 다 망가뜨릴 정도로 나를 잃어버리고 나서야 나는 진정한 자유로운 영혼의 의미를 깨달을 수 있었다. 그냥 평범하게 하루하루 견딜 수 있을 정도로 살아왔다면 어쩌면 나는 이 진리를 깨닫지 못했을 수도 있다. 그러면서 자유로운 영혼을 꿈꾸며 내 생각의 감옥에 갇혀 살고 있었을 것이다.

몸은 영혼의 집이라고 한다. 영혼이 편안히 머물 수 있는 곳은 언제나 함께하는 나의 몸이다. 몸이 아프고 힘들면 영혼도 아프고 힘이 든다. 영혼이 상처받고 아프면 몸에도 병이 생긴다. 몸과 영혼은 둘이 아니라 하나이기 때문이다.

내 영혼은 언제나 나와 함께 있었다. 그런데 내 생각과 눈이 멀어 나는 그것을 알지 못했다. 먼 길을 돌고 돌아 드디어 나는 자유로운 영혼이 되었다. 내가 어디에 있든지 무엇을 하든지 이제 내 안에서 나의 영혼은 언제나 자유롭다.

04

'감사합니다'만
100번씩 썼을 뿐인데

얼마 전 읽은 나폴레온 힐의 저서 《여덟 가지 삶의 태도》에서 읽은 문구다.

"여러분이 경험하는 모든 시련, 패배, 좌절, 실패, 고통 등 유래하지 못한 상황에는 자연법칙에 따라 그에 상응하는 보상의 씨앗이 들어 있습니다. 보상이 꽃으로 활짝 핀다고 하지는 않았죠. 열매가 익는다는 보장도 없습니다. 저는 씨앗만 이야기했을 뿐입니다. 그 씨앗으로 이익을 얻으려면 우선 씨앗의 존재를 인식해야 합니다. 씨앗이 그 안에 있다는 걸 알아야 해요."

돌아보니 나는 20살 때부터 사회생활을 했다. 수능을 마치고 바로 아르바이트를 했고, 대학에 입학하고 나서도 나는 학교생활보다 아르바이트를 더 열심히 했던 것 같다. 운이 좋게도 4학년 2학기에 취업해서 그 뒤로 이어서 직장생활을 해 왔으니 거의 20년을 쉼 없이 달려온 것이다.

어느 날 내게 변화가 일어나기 시작했다. 스트레스가 점점 쌓여가고 짜증과 불평불만이 점점 많아졌다. 어느 때는 심한 우울증도 느꼈다. 되는 일이 아니라 안 되는 일들만 눈에 보이기 시작했다.

하루는 운전하는데 반대편에서 트럭이 달려오고 있었다. 그때 머릿속에 드는 생각이 '내가 저 트럭으로 돌진하면 나는 죽을 수 있을까?'였다. 순간 화들짝 놀랐다. 내가 이런 생각을 하고 있는 것도 너무 놀랐고, 자칫 하다가는 정말 내가 트럭으로 돌진할 수도 있을 것 같았기 때문이다. 정신이 번쩍 들면서 더는 이대로 나를 내버려 두면 안 될 것 같았다.

번아웃 증후군(Burnout syndrome)이라는 말이 있다. 의욕적으로 일에 몰두하던 사람이 극도의 신체적·정신적 피로감을 호소하며 무기력해지는 현상이다. 포부 수준이 지나치게 높고 전력을 다하는 성격의 사람에게서 주로 나타난다고 하는

데, 딱 내 이야기였다. 항상 높은 이상을 추구했고 그것을 이루기 위해서 전력투구를 했다. 이상만큼 따라주지 않는 나를 책망하기만 했다.

모든 것을 제자리에 돌려놓기 위해 나는 미국 생활을 정리하고 한국으로 돌아왔다. 가족들 가까이에 있으면서 나를 돌보기 위한 선택이었다. 가족들은 나를 따뜻하게 맞아주었지만 내 마음은 편치 않았다. 나는 이기적인 마음으로 미국행을 혼자서 결심하고 떠났고, 멀리 있다는 이유로 가족들과의 연락도 자주 못 했고 혼자인 엄마를 경제적으로 도와드릴 생각도 하지 않은 채 10년을 떨어져 살았기 때문이다.

그런데 이제 내가 힘들고 지쳐 기댈 곳이 필요하다고 가족을 찾아온 것이 부끄럽고 미안했다. 나는 열심히 살아온 것 같은데 내 손에 쥐어진 것은 아무것도 없었다. 나는 실패자였다. 그러나 내 인생에서 가장 바닥을 치고 있을 때, 그래도 어떻게든 나를 놓지 않기로 이를 악물었다.

엄마 집에 있는 내 책장에는 20대 때 읽었던 에모토 마사루 박사의 《물은 답은 알고 있다》라는 책이 꽂혀 있었다. 물

결정 실험은 너무나 잘 알려져 있다. 물을 담은 비커에 하나는 감사와 사랑의 말과 에너지를 보내고, 다른 비커에는 미움의 말과 에너지를 보낸 후 물을 얼려서 물 결정 사진을 찍은 실험이다. 분명 우리 눈에는 액체일 때는 물이고 고체일 때는 얼음일 뿐인 물이 현미경으로 사진을 찍으면 확연히 구분되었다. 감사와 사랑의 에너지를 받은 물은 아름다운 정육각형의 결정체였고, 미움과 증오의 에너지를 받은 물은 결정이 깨어진 이상한 모양이었다.

20년 전에 읽었지만, 그동안 잊고 있었다. 인간의 신체도 70%의 물로 구성이 되어 있다고 얘기하지 않는가. 그래서 나에게 사랑과 감사의 에너지를 스스로 줘보는 실험을 하기로 결심하고, 감사 일기를 쓰기 시작했다.

하루를 보내고 그날 있었던 일 중에서 감사한 일을 3~5가지를 적었다. 감정에 부딪힐 때도 있었고 스트레스를 받은 날도 있었지만 잠자기 전에 감사한 일을 적으려니 힘들었던 일들에 대해서도 감사한 마음을 가질 수 있었다. 어쨌든 매일매일 무사히 보내고 감사 일기를 쓰고 있다는 것 자체가 감사한 일이라는 것을 알아가고 있었다.

그러던 어느 날 이런 생각이 들었다.

'꼭 조건을 붙여서 감사해야 할까? 조건 없이 감사할 수는 없을까?'

'그래, 그냥 조건 없이 '감사합니다'라고만 적어보자.'

그래서 감사 일기를 쓰는 도중에 바로 '감사합니다'만 적어보았다. 한 페이지에 오직 '감사합니다'만 적어 내려갔다. 조건을 붙이지 않으니 오히려 마음이 더 고요해지고 편안해졌다.

처음에는 감사 노트는 밤에 자기 전에만 썼다. 그런데 또 이런 생각이 떠올랐다.

'왜 밤에만 이 노트를 적고 있지? 아침에도 감사 노트를 적으면 하루의 시작을 감사로 할 수 있으니 더 좋지 않을까?'

그래서 그다음 날 아침과 저녁에 두 번 '감사합니다'를 쓰기 시작했다. 한 바닥을 채우는 데 약 8분 정도가 걸렸다. 아침과 저녁에 두 번을 하니 하루에 약 16분 정도 걸린 셈이다. 길지 않은 시간이다. 이 시간은 내게 명상의 시간이다. 내 마음을 고요히 바라보고 감사함을 쌓는 그 시간을 통해 나는 현실과 마주 설 수 있는 힘을 기르게 되었다. 그리고 서서히 내게 주어진 장애도 감사함으로 받아들이게 되었다.

2019년 6월 23일부터 시작한 감사 일기를 2019년 12월 31일에 끝냈다. 너무나 신기하게도 노트의 마지막 페이지가 12월 31일이 되었다.

2019년의 하반기를 감사함으로 채워가면서 때로는 '이것이 무슨 의미가 있을까?' 하는 생각이 들기도 했다. 그러나 앞서 소개했던 나폴레온 힐의 말에서 어쩌면 나는 '감사합니다'라는 씨앗을 내 마음에 심어둔 것이 아닐까 싶었다. 내가 심은 씨앗이 꽃을 피우게 될지 열매를 맺게 될지 그것은 나도 잘 모르겠다. 하지만 "그 씨앗으로 이익을 얻으려면 우선 씨앗의 존재를 인식해야 합니다"라는 말처럼 내 안에 감사의 존재를 인식하는 것이 먼저다.

미국 평론가 조셉 우드 크루치의 "행복은 바로 감사하는 마음이다"라는 말처럼 나는 비로소 감사를 통해 온전한 행복에 이르게 된 것이다. 감사를 한다고 갑자기 기적과 같은 일이 생기지는 않더라도 적어도 내게 주어진 환경과 조건에서 소소한 행복을 찾을 수는 있게 되었다. 그리고 그것이 내 일상을 가득 채워가고 있음을 알게 되었다.

그래서 이렇게 책을 쓰고 있고, 당신은 나의 이야기를 읽고 있다. 이것마저도 내게는 기적이다. 오늘도 나는 매 순간 감사하는 마음을 통해 나에게 주어진 행복을 느낀다.

그리고 당신에게도 감사와 행복이 가득하길 바란다.

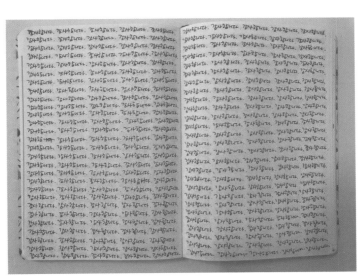

(2019.06~2019.12 감사일기)

나의 햇빛은 미술이었고,
따뜻함과 뜨거움을 동시에 갖고 있는 미술은
나의 행복함과 슬픔, 나의 인생의 중심을
잡아 주고 있었다.

보고만 있지 말고,
움직여

이채현

프리미엄 예술공간 〈샤뜰리에 화실〉 대표, 컬러테라피스트, 큐레이터, 작가

그녀는 자타 공인, '컬러'라는 안전지대(安全地帶) 안에서 사람들과 예술로 소통하고 있는 가장 행복한 사람이다. 관심 있는 모든 것들을 경험하기 위해 매사에 도전하고 있는 그녀는, 퍼포먼스, 무대미술, 해외교류, 뮤지컬, 미술관 큐레이터, 인테리어디자인 등 다양한 예술 분야에서 일한 경력을 가지고 있다. 덕분에 자신에게 맞는 가장 행복한 일을 찾게 되었다는 그녀는, 대학 졸업 후 문화 재단과 인테리어 회사에서 일을 하면서 '컬러'가 사람의 과거, 현재, 미래의 삶, 더 나아가 관계에 많은 영향을 미치고 있다는 것을 알게 되었다. 이후부터 컬러테라피, 미술심리치료, 퍼스널 컬러에 대해 공부하기 시작했고, 미술이 가지고 있는 힘이란, 단순한 그리기와 관람을 넘어서, 스스로를 보호하고자 하는 힘이 있다는 사실을 발견했다. 실제로 저자가 좋아하는 컬러와 마음에 끌리는 컬러에 대한 이유를 분석하게 되면서 옷을 입을 때, 화장을 할 때, 그림을 그릴 때 목적과 의도에 맞게 컬러를 선택할 수 있었다고 말한다.

선화예술학교, 선화예술고등학교, 숙명여자대학교 회화과를 졸업했다. 2010년 지학사 고등학교 미술 교과서에 작품이 등재 되면서 회화 작가로써 꿈을 키웠고, 3회의 개인전과 다수 단체전을 진행했다. 행정안전부 주관 디자인 및 일러스트 진행, 코스메틱 브랜드 러쉬 위안부 퍼포먼스 총괄, 서울시 뉴딜 일자리 디자인 분야 강의, 중고등학교 멘토링을 통해 회화와 디자인 분야에서 강의를 진행했다. 대학 졸업 전 재단법인 아름지기 인턴을 통해 동양적이고 차분한 색채에 관심을 갖게 되었고 인테리어 디자이너로 일을 하면서 주거 및 상업공간에 대한 이해와 목적에 맞는 컬러에 대해 깊게 다뤘다.

현재 고요와 힐링의 공간 〈샤뜰리에 화실〉 원장을 맡아, 서양화 전반 실기를 지도하고 있으며, 사람들이 미술을 통해 새로운 삶의 가치를 경험할 수 있도록 도와주는 역할을 하고 있다.

E-MAIL lachatelier@naver.com
BLOG blog.naver.com/lachatelier
INSTAGRAM @la.chatelier
YOUTUBE @샤샤랜드
HOMEPAGE https://chatelier.modoo.at

01

내겐 그림이
햇빛이었다

"누군가가 우리의 취향을 지도해줄 때에야 비로소 우리는 무엇이 마음에 드는지 명확히 알게 되기도 한다."

_하버트 리드

지난주 문득 2006년 다이어리를 꺼내 보았다. 2006년은 일반 중학교가 아닌 예중에 입학한 해다. 그곳은 예술과 공부를 완벽하게 병행하는 곳이었다. 예술에 심취했던 나였지만, 공부도 무시할 수 없었다. 오히려 공부에 대한 압박이 더욱 심했나 보다. 그 시절 다이어리에는 첫 장부터 낙서 아닌 낙서들이 휘갈겨 쓰여 있었다. 30포인트 정도 되는 큼지막한 글씨였다.

'이렇게 열심히 공부하면 행복해질 수 있을까? 그런데 지금은 왜 이렇게 우울하지?'

그 뒤로도 공부로 인한 스트레스, 우울함, 무기력증을 엿보게 하는 글들이 여기저기 쓰여 있었다. 오랜 세월, 어린 나를 잊고 살다가 다시 그 시절 나를 마주했을 때, 흠칫 놀랐다. 그리고 구깃구깃하게 쓰여 있던 글들을 읽으면서 한 장 한 장 넘길 때마다 '이 어린아이의 고통은 언제 멈추려나.' 눈시울이 붉어지기도 했다. 지금 그 상황을 다시 겪으라면 뭐든 헤쳐나갈 수 있겠지만, 그 시절 그 아이 입장에서는 암담했을 것이다. 시키는 공부를 무조건 열심히 잘해야 하는 상황을 불행하게 생각했을 테니까.

나는 내 감정을 잘 드러내지 않는 성격이다. 이런 힘든 상황과 기분을 어느 누구에게도 이야기하지 않았다. 슬픔과 불행은 내면에서 곪아가며 나의 정신을 갉아먹는 요소일 수도 있었다. 사실 내가 예술 학교에 가고 싶었던 큰 이유는 내가 좋아하는 '그림'을 마음껏 그릴 수 있어서였다.

실기실의 흑연 냄새, 코를 때리는 물감 냄새, 하얀 도화지와 하얀 캔버스 존재 자체가 내면의 미술실이었다. 모든 슬

품과 불행은 내면의 미술실에서 분출되었다. 물감, 연필 등으로 이루어진 도구들을 이용한 회화적 표현의 결과물이 흔적으로 외부에 나타났다. 그 흔적은 누구라도 볼 수 있었고, 그 흔적을 통해 내면의 치유는 스스로 진행됐다.

표현하고 치유하는 과정에는 조언자가 필요했다. 그림 그리는 시간에는 항상 선생님이라는 조언자가 옆에서 든든하게 존재했다. 내가 뭐든 그려나가도 틀렸다고, 이건 아니라고 대답해주는 대신, "마음속 우주를 표현하고 싶으면 더 깊은 색을 사용해보는 것도 좋아."라고 말씀해주셨다. 추상적이지만 내 마음을 표현하기엔 정말 좋은 조언이었다.

"조금 더 단단하고 딱딱한 느낌을 내는 방법 중 하나가 시멘트와 같은 보조제를 사용하는 거야.""붓도 좋지만, 손을 사용하면 더 풍부하게 표현할 수 있을 거야!" 등 내가 하고 싶었던, 상상했던 이미지를 표현하는 데 필요한 조언을 많이 해주셨다. 결국, 나의 확고한 취향에 대한 정답을 들었던 순간이었다. 확실한 정답이 있는 것보다 정답은 없지만, 실험에 따라 다양한 정답이 존재하는 그림이라는 세계에서 행복감을 느끼는 나를 발견하게 됐다.

"취향을 지도해 줄 때야 비로소 우리는 무엇이 마음에 드는지 알게 된다"라는 영국의 유명 미술비평가 하버트 리드의 말이 생각났다. 그림을 통해서라면 내가 좀 더 다양한 것을 경험할 수 있으며, 더 나아지는 방법을 배울 수 있고, 내적으로 성장하는 느낌이 든다고 확신한 순간이었다. 또한, 지금 내가 가르치는 직업을 선택하는 데 있어서 사람들을 이끌어주고 안내해야 한다는 암묵적 책임감을 동경했는지도 모른다.

우리는 무언가를 선택할 때면 '확신'과 '막연함' 그 어딘가에 우리가 서 있다. 내면의 취향과 욕구를 들여다보면 그 누구보다 확실하게 인식하고 있다. 하지만 외면으로는 어떤 방향으로 어떻게 표현해야 하는지, 자신이 정말 좋아하는 것이 확실한지 반문하게 된다.

예를 들면, 화장법과 패션 스타일의 유행에 따라 사람들 대부분이 시대의 흐름을 타려 한다. 하지만 자신의 얼굴 형태에 따라 맞는 화장법이 있고, 체형과 혈색에 따라 자신에게 어울리고 돋보이게 하는 패션 스타일이 있을 것이다. 퍼스널 메이크업과 퍼스널 컬러, 퍼스널 브랜딩의 전문가를 통해 각자 가지고 있는 내면의 욕구와 취향에 따른 안내자를 만나는 것이 이를 해결하는 방안 중 하나가 될 것이다.

현재 내가 운영하는 샤뜰리에 화실에서도 개인의 성격과 선호도를 통해 그림의 스타일과 방향을 제시하여 작업 방향을 안내하고 있다. 같은 나무를 그리는데도 각자의 스타일이 부여된 나무가 완성된 것을 본다. 미술과 색에 관한 많은 이야기를 사람들과 나누다 보면 색이 미술에만 쓰이는 한정된 범위가 아닌 사람에게도 쓰인다. 수강생 중 한 분이 유치원 교사인데, 아이들을 데리러 오신 어머니들에게 이런 말씀을 하셨다고 한다.

"파란색에도 한 가지 파란색이 있는 게 아니듯 아이들도 각자의 파란색을 가지고 있다."

나는 내가 가지고 있던 슬픔과 불행의 파란 덩어리들을 예술로써 표현하며 하나씩 치유했고 회복해 나갔다. 본래 가지고 있는 각자의 파란색에 예술을 통해 삶의 행복을 불어넣어 주고 싶다. 예술이라는 것은 멀리서 볼 땐 이상적일 수 있지만, 이상을 현실화하는 수단 중 하나인 것은 틀림없다.

"예술은 사랑의 교훈을 담은 이미지를 창조하고 우리의 마음 앞에 늘 들어놓는 중요한 역할을 한다."

_알랭 드 보통 《알랭 드 보통의 영혼의 미술관》

"색이 없었다면 어땠을까?"

"미술이라는 과목이 없었다면 어땠을까?"

생각만 해도 아찔하다. 그러나 이내 안도감이 든다. 요즘 많이 감사하고 있는 것 중 하나다. 미술, 그리는 것 말이다. 그림으로써 마음의 응어리가 풀어지고 그림으로써 불타던 화 덩어리도 녹아내린다. 그림으로써 차가웠던 가슴에 따뜻함이 피어나며 그림으로써 세상이 무너질 지경이던 우울함도 안정을 되찾는다. 그래서 그림은 내면을 치유한다.

가끔 미술을 잘하는 것이 재능이라고 생각하는 사람들이 많다. 그러나 나는 재능이 없었다. 그저 그림 그리는 것이 좋았고, 누구보다 그림을 잘 그리고 싶었다. 이런 내가 그림을 잘 그리고 싶어 했던 이유 중 하나는 지금도 잊을 수 없는 사건이 있었기 때문이다.

나는 처음, 예중에 입학하지 못할 실력이었다. 예중 입학 시험 3개월 전만 해도 그랬다. 대부분의 예중 입학시험을 준비하는 친구들은 1년 전부터 입시 미술학원에 등록한다. 그리고 입학시험 3개월 전부터는 매일 학원에서 실기시험을 치른다.

한 번은 50여 명의 아이들과 실기 시험을 보았고 예중 관계자 선생님이 평가하는 시간이 있었다. 시험이 끝난 후 내 그림이 가장 먼저 평가 받게 됐다. 그때가 내가 입시를 고작한 달 정도 준비했을 때였다. 솔직하게 말하자면 내가 봐도내 그림은 엉망이었다. 내 그림을 첫 번째로 평가해 주시는선생님도 그렇게 말씀하셨다.

"이 그림은 절대 예중에 들어올 수 없는 그림이야. 형태가하나도 안 맞고, 원근감도 없고, 물체가 따로 놀고 있네"라고.

그리고 나는 내 그림을 평가를 해주시는 선생님의 암담하고 침울한 표정을 잊을 수가 없었다. 내 그림을 10초 정도연민의 눈으로 훑어보신 후에야 정적을 깨고 하신 한마디의말이 그랬다. 12살이었던 나는 그 짧게 내뱉으셨던 한마디와

미세한 표정의 변화들은 가슴에 깊이 박혀버렸다.

그 후 나는 일말의 자존심 때문인지, 욕심 때문인지 그림을 정말 잘 그리고 싶었고, 완벽하게 잘 그리지는 않지만, 그때의 모든 평가를 하나씩 뒤집기 시작했다. 그렇게 나는 17년이라는 시간 동안 그림을 배우고 그려왔다.

나는 잊고 있었다. 오늘 어머니가 이런 말을 했다. "너는 초등학교 졸업할 때부터 중학교, 고등학교 때까지 주말도 없이 햇빛도 못 보고 살지 않았느냐"라고. 부모님이 보기에는 그 정도로 공부와 실기로 바쁜 일상을 보내고 있던 안쓰러운 10대 소녀였을 뿐이다.

그러나 나의 햇빛은 미술이었고, 따뜻함과 뜨거움을 동시에 갖고 있는 미술은 나의 행복함과 슬픔, 나의 인생의 중심을 잡아 주고 있었다. 10대 소녀 인생에 들어온 미술의 역할은 지금도 여전하다.

02 ___ 하고 싶은 일을
잘하는 방법

1. 매일 보고 매일 그려라.

2. 그림 그리는 친구 혹은 스승을 만들어라.

3. 관찰하고 분석하고 실험하라.

4. '그림, 한 달 안에 마스터하기!' 이런 건 없다. 그림 실력은 투자
   한 시간에 비례한다.

5. 다른 사람의 그림을 모방하여 연습하라.

6. 그림 그린다는 사실을 공개하라.

7. 그림은 시험이 없다. 답이 없기 때문에 매일 그림을 그리며 '나'
   만의 스타일을 갖춰야 한다. 이것은 모든 일에 중심을 잡아준다.

8. 표현하는 도구와 표현되는 대상에 오롯이 집중하라.

9. 그림은 오롯이 나를 표현하는 수단 중 하나라고 생각하자.

미술은 완성이 없다. 모든 게 과정이다.

10. '잘할 수 있을까?' 라는 걱정은 새로운 도전을 망설이게 한다. 첫발이라도 움직인 후에 걱정해보자.

위 내용은 그림을 잘 그리고 싶든, 영어를 잘하고 싶든, 글을 잘 쓰고 싶든, 어디든 적용할 수 있을 것이다. 관건은 실천하는 것이다. 나도 사실 그렇다. 영어를 정말 잘하고 싶지만 매일 쓰지 않았고, 아주 가끔 외국인 친구들을 만나 영어를 사용하면서 약간의 만족감에 빠져 꾸준한 과정을 생략하고 만다. 이유가 뭘까? 목표가 없으니 아무것도 이루어지지 않는 것이 아닐까?

사실 외국어는 시험이나, 자격증, 취직과 관련된 목표들이 존재한다. 그러나 그림은 그렇지 않다. 편한 시간에, 그냥 스트레스 풀고, 힐링하려는 목적이 전부다. 가끔은 정말 그림을 잘 그리고 싶어 하는 분이 있지만, 이러한 목표는 무언가 추상적이다. 그래서 그림을 잘 그리고 싶거나, 잘하고 싶은 일이 있다면, 목표와 계획을 만들어야 한다.

하고 싶은 일을 잘하려면 가장 먼저, 목표와 루틴을 만들어야 한다.

예를 들면, 그림을 그려 간단한 전시를 개최한다든지, 그림을 그려 엽서를 만든다든지, 웹툰을 완성해본다든지, 그림을 그려 책 한 권을 채우겠다든지 등등의 이유를 만들고 목표를 설정해야 한다. 목표를 설정한 후, 위의 10가지 방법을 하루하루 실천해보자.

이제, 목표가 있으면 계획을 세우면 된다. 어찌 보면 당연한 말이다. 그러나 지속성을 위한 세부적인 계획이 필요하다. 마라톤 선수도 42km를 단번에 그냥 뛰는 게 아니라 5km 구간씩 잘게 쪼개어 목표를 세우고 달린다고 한다. 이처럼 목표를 잘게 쪼개어 일상의 루틴(Routine)을 만드는 것이 중요하다. 계획을 세워 놓을 때와 계획을 세워 놓지 않을 때도 결과가 확연히 달랐고, 잘게 쪼갰을 때의 목표 성취율도 달랐다.

내가 최근 목표에 따라 계획을 세워 놓았던 시기는 2017년 취업했던 때와 2019년 화실을 오픈했던 시기였다. 목표가 있으면 루틴이 있다. 어쩌면 지루하게 보일 수도 있는 규칙적인 루틴은 목표에 대한 원동력과 동기부여를 가져다주어 조금 더 나은 결과물을 가져올 수 있다.

독일 철학자 칸트에게도 이런 루틴이 있었다. 그는 매일 새벽 5시에 일어나 홍차를 마시며 일과를 시작하고, 7시에 강의를 시작하고, 9시부터 12시 45분까지 집필했다. 오후 1시에는 시민, 상인 다양한 직업을 가진 사람들과 현장에 관한 이야기를 나누며 식사하고, 3시 30분이 되면 산책을 한다. 오후 10시면 정확하게 침대에 눕는다.

나 또한 이러한 루틴 덕에 기존에 할 수 있는 양보다 더 많은 양의 추가 과제도 끝낼 수 있었고, 취업 일자도 정확히 맞아 10월 말에 인테리어 회사에 입사할 수 있었고, 2019년에는 화실도 오픈할 수 있었다. 결국, 이러한 루틴을 만들기 위해서는 목표를 정확하게 설정해야 한다.

하고 싶은 일을 잘하는 방법을 위한 두 번째는 완벽하지 않은 방법 실험하기다.

《12가지 인생의 법칙》의 저자 조던 B. 피터슨은 이렇게 말했다.

"목표에 도달하기까지의 거리가 너무 멀어 여러분을 주저앉게 해서는 안 되겠죠. (…) 여러분의 목표는 어제보다 아주 조금이라도 나은 오늘을 만드시는 겁니다."

성실함은 최고의 무기다. 어제보다 아주 조금이라도 나은 오늘을 위해서는 매일 꾸준히 실행에 옮기는 것이 중요하다. 나는 항상 그림을 배우는 것은 언어를 습득하는 과정과 똑같다고 말한다. '미술'도 '회화'라는 전공으로 불리는데 언어의 '회화(會話)'나 미술의 '회화(繪話)'나 다를 것이 없기 때문이다. 자신이 원할 때 문법을 깨서 자신만의 언어 스타일로 말해도 된다. 문법을 틀려도 매일 사용하고 익히는 것이 외국어도, 미술도 습득하는 가장 빠른 길이다.

하고 싶은 일을 잘하는 마지막 방법은, 나를 행복하게 하는 나만의 색을 갖는 것이다.

"흰색 한복을 입고 무대에서 춤을 추는 무용수가 있다면, 그 무용수의 한복은 무슨 색일까?"라고 물어볼 때 모두가 '흰색'이라고 대답할 것이다. 그러나 미술을 취미로 깊게 공부했거나, 전공한 사람이 이렇게 대답한다면 최소한 컬러에 대한 예의가 아니다. 무용수 옷 자체의 특성은 흰색이 맞다. 하지만, 그림을 그릴 때 반사되는 주변 색의 컬러가 흰색에 영향을 미치게 되는데, 무대의 조명이 파랑일 때는 옷도 파란색일 것이고, 조명이 분홍일 때는 옷이 분홍색이 되기 때문이다.

지난주, 한국무용을 취미로 하시는 수강생이 오셔서 무용 선생님의 무대를 그리고 싶어 하셨다. 선생님의 무대 의상이 흰색이어서 그 수강생은 옷을 흰색으로 모두 칠해 놓았다. "흰색은 흰색이 아니고 주변에 반사되는 색 때문에 다른 색이 되어 눈에 비친다"라고 설명했을 때 정말 깜짝 놀라 하셨다. 주변 배경에 따라 다른 색이 된다는 말에 큰 깨달음이 있었다고 한다. 흰색에는 바닥, 벽, 천장, 저고리의 모든 색이 반사되어 흰색에도 그 색깔이 묻어나 있다.

그림을 그릴 때는 주변에 반사되는 색들을 신경 써 주어야만 조화가 이루어진다. 빨간색 옷을 입을 때 턱에 빨간색이 반사되어 더욱 혈기를 띄게 되고, 어두운색인 남색, 보라색, 검은색을 입을 때 턱과 볼에 조금 더 차분하고 날렵한 인상을 줄 수 있게 된다는 것과 마찬가지다.

인간관계도 그렇다. 주변 환경이 내 삶에 영향을 미친다. 주변에 어떤 색의 사람과 함께하느냐가 내가 어떤 색의 사람이 되는지에 대해 결정적인 역할을 한다.

색감이 뚜렷한 사람과 그렇지 않은 투명한 색을 가진 사람이 함께 다닌다면, 투명한 사람은 금세 뚜렷한 컬러를 흡수한다. 성장 과정에서도 어떤 환경에서 자랐는지, 어떤 사람과 함께했는지에 따라 컬러는 다르게 변한다. 계속해서 색이 변하는 과정에서 결국 뚜렷한 컬러를 갖게 되는 사람이 투명함을 가지고 있는 사람에게 더 많은 영향을 미치게 된다.

불순물 없는 뚜렷한 컬러, 즉 주관을 가지고 싶으면 제일 중요한 것은 '나'를 알아야 하는 게 선행돼야 한다. 내가 그림을 가르치는 일을 하는 이유도 지금까지 경험해본 일 중에 가장 재미있고, 잘할 수 있는 일이고, 더 깊이 공부하고 싶은 분야며, 이 일을 통해 많은 사람의 기분과 마음을 편안하고 행복하게 만들어줄 수 있기 때문이다.

'나'를 알아가는 과정과 하고 싶은 일을 잘하는 과정을 통해 얻는 뚜렷한 목표는 바로 '나의 행복'이라는 것을 잊지 않으면 좋겠다. 이 말은 나 자신에게도 매번 똑같이 반복하는 주문이다.

행복을 위해 새로움을 경험하는 과정에서 안 좋은 일들을 겪을 수 있다. 그 일들을 통해 마음 상하는 경험도 할 것이다. 하지만 나는 최대한 나에게 해가 되는 요소들을 조금이라도 빨리 해소하고 분출하고자 한다.

그 방법이 내게는 그림이었다. 묵은 감정을 해소하는 과정에서 나를 짓누르고 있던 무거운 쇳덩이가 깃털이 되어 날아가는 걸 들여다보며 새로운 방향도 설정하게 된다. 매번 새로운 도전과 새로움을 찾는 일이 나의 목표였던 것처럼.

03 컬러가 주는 예민한 행복

16년 전, 미술을 처음으로 배우기 시작한 시점이다. 그 당시 예중 시험을 앞두고 있었지만, 내 실력은 초짜나 마찬가지였다. 그런 내게 그림을 잘 그리는 것이 인생에 가장 큰 목표였고, 그때부터 컬러에 관심이 생겼다.

지금도 생생히 기억난다. 2004년 서울시립미술관에서 샤갈전을 개최했을 때 미술학원에서 단체로 방문했었다. 당시 '어떻게 하면 그림을 잘 그릴 수 있을까?' 하고 고민하던 중에 샤갈전을 보면서 이 화가가 어떤 컬러를 주로 사용했고, 어떤 구도로 그림을 그렸는지 손바닥만 한 크래프트지 스프링 노트에 적어 나가기 시작했다.

마르크 샤갈은 사랑과 신화에 관해 표현한 작품들이 많

은데 아주 강렬한 색채로 작품을 제작했다. 전시장을 둘러보면서, 특히 1915년 그려진 〈마을 위에서〉라는 작품 앞에 오래 머물며 관찰했다. 처음 볼 때는 회색 도시에 사랑하는 연인 두 명이 깃털이 된 듯 몽환적인 느낌이 들었다. 그리고 가까이 봤을 때 이 화가가 회색만 쓴 것이 아니라 회색에 강렬한 파랑과 초록, 그리고 빨강을 넣어 강조하고 싶었던 부분을 확실하게 했다는 걸 알 수 있었다.

손에 거머쥔 작은 노트에 이 작품에서 많이 쓰인 '파랑', '빨강', '초록' 이렇게 세 가지 컬러를 많이 썼다고 기록했다. 회색도 단순한 회색이 아니라 여러 안료들을 섞어 만든 색이기 때문에 단순히 '회색'이라고 적지 않았다. '푸른 빛 회색', 혹은 '초록빛 회색' 이렇게 느끼는 바에 따라 자세히 기록해놓았다.

가장 강렬하게 다가왔던 또 다른 작품은 〈마을과 나〉였다. 이 작품에도 '파랑', '빨강', '초록' 이렇게 세 가지 컬러가 강렬하게 쓰였다. 컬러뿐만 아니라 대비를 확실하게 주면서 부각하고 싶은 부분을 확실히 전달하는 느낌이 들었는데, 색과 명암의 확실한 대비를 통해 강렬함을 만들었다고 생각했다.

"색채는 훨씬 더 설명적이다. 시각에 대한 자극 때문이다. 어떤 조화는 평화롭고, 어떤 것은 위로를 주며, 또 어떤 것은 대담하여 흥분을 일으킨다."

_폴 고갱

폴 고갱의 말처럼 색채는 메시지를 가지고 있다. 나는 좋아하는 색이 있으면 그 색에 감정을 대입하여 내가 그 색이 되고자 한다.

빨간색을 좋아했을 때, 나는 누구보다 행동력이 강했고 내가 하고자 하는 일에 열정적이었다. 그리고 또 감성적이었다. 빨간색은 느껴지는 바와 같이 행동력과 활력의 에너지가 가장 강한 컬러다. 이 빨강이라는 컬러를 좋아할 때, 나는 마치 하루라도 쉬면 에너지가 오히려 소진된다고 생각했다. 행동도 지향적인 모습을 보였다. 빨강을 입고 거리를 걸을 때면 조금 더 당당하고 에너지 있는 걸음걸이가 만들어지고, 빨강을 사용해 그림을 그릴 때면 혈흔의 흔적이 묻어 있는 것처럼 감정이 폭발하여 분출 욕구에 휩싸인 사람이 된 듯했다.

이후 보라색을 좋아하게 되었는데, 치유와 힐링의 의미가 있는 보라색처럼 분출되었던 에너지를 안정적으로 만들 수 있던 계기가 되었다. 보라색을 좋아하게 되면서 에너지의 분출보다는 마음의 안정과 고요함을 찾게 되었고, 여행을 떠날 일이 많아지면서 미래를 위해 쉬어가는 시간을 갖게 되었다. 보라색 옷을 입으면 과격했던 행동의 반경이 조금 더 좁아지게 되었고, 생각하는 시간도 많아졌다.

그 당시 미술 심리치료를 배우면서 알게 되었지만, 빨강을 좋아하다가 보라색을 좋아하게 된 이유가 있었다. 열정과 행동을 자극하는 빨강이지만, 감정을 가라앉히는 파랑이 혼합되어 균형 잡힌 상태로 만들어준다는 이유다. 심신이 지쳐 있을 때, 자신을 추스르는 힘을 얻을 때 더욱더 보라색에 이끌리게 된다. 놀랍게도 졸업 후 보라색에 이끌린 시점에 전공과 상관없는 인테리어 업계를 여행하고 있었다. 12년간 동고동락한 미술을 잠시 쉬어가며 조금 더 새로운 무언가를 찾아서 떠났던 것이었다.

1년쯤 지나서 인테리어와 미술의 경계가 부딪히게 되어 보라색 이후에 어두운 파랑에 이끌리게 되었다. 그땐 이상이 아닌 현실을 직시하게 됐었고, 지금 내가 잘할 수 있는 일, 잘하는 일, 좋아하는 일에 대해 분석하기 시작했다. 꿈이 아닌 현실을 들여다본 순간부터 내가 좋아하는 색이 파랑, 혹은 남색이 되었다. 좋아하는 컬러를 시기별로 나누어 보았을 때, 마치 컬러가 '나'이고, 내가 컬러가 된 듯한 느낌이 들었다. 컬러가 나의 에너지를 분출하게 했으며, 나의 욕망을 해소해주고, 내가 좋아하는 것을 찾을 수 있게 도와주었으며, 나의 현실을 직시하게 해주었다.

어느 날, 60대의 나이가 지긋하신 아버님이 화실에 방문해 그림을 그리고 가셨다. 팔레트를 쥐어 드리고 색의 3원색 조합을 표현해 보라고 말씀드렸다. 그리고 10분 뒤에 아버님의 종이를 보니 빨간색 줄이 여러 군데에 그어져 있었다.

"내가 가장 좋아하는 색깔은 빨간색이에요, 나는 항상 열정 가득하고 하고 싶은 것도 많아요. 지금 그림을 그리려고 앉아있는 이 순간도 정말 나에겐 대단하다고 느껴져요!"

컬러가 사람에게 미치는 무의식의 영향은 그 사람의 인생관을 증명해 주기도 한다. 그리고 한 사람의 과거, 현재, 미래를 바라보는 감정이 투영된다.

　6월 즈음, 화실에 어느 수강생이 찾아와 그림을 그렸다. 그림의 컬러는 파랑을 베이스로 한 빨강, 노랑의 추상화다. 처음에 수강생에게 컬러 차트를 드리면서, 원하는 컬러를 선택하면 그 컬러를 가져다드리겠다고 했다. 컬러 차트에 체크된 것을 보고 컬러를 꺼내 들었는데, 7개 컬러 중 5개는 어두운 컬러였고, 2개는 따뜻한 연핑크와 파릇한 연녹색이었다. 물감을 가져다드리자마자, 연핑크와 연녹색은 원하는 색이 아니라며 다른 색을 골라보겠다고 했다. 그리고 가져온 컬러는 심해를 떠오르게 하는 남색.

　전체적인 그림을 설명하자면 파랑을 베이스로 했지만, 검은색과 파란색이 혼합된 아주 깊은 심해가 떠오르는 색으로 아주 거칠고 거칠게 물감을 발라놓았다. 파랑의 계통으로 남색 컬러의 의미는 좀 더 깊고 차가운 바다를 연상케 하며 신비로우며 감각이 깊고 계획성 있고 분석력 있는 긍정적인 의미가 있다.

　하지만, 이 그림을 보았을 때, 긍정적으로 해석되는 게 아니라 부정적인 시각으로 볼 수밖에 없었다. 부정적인 의미의 남색은 분리와 고독, 편집증, 강박신경증, 자기중심적, 음습함, 폐쇄적, 초조함의 의미가 담겨 있다. 베이스를 다 칠했을 때는, 오래된 쇳덩이를 할퀴고 던지고 못을 박아 놓은 느낌으로 표현되었다. 깊은 바닷속 녹이 슨 쇳덩이처럼 보였다.

그 위에 검붉은 레드를 흐르는 느낌으로 표현했는데, 이 표현도 보자마자 그리 긍정적이지는 못했다. 긍정의 의미는 위에 설명했듯이 열정을 상징하지만, 부정적인 의미일 때는 정신적으로 동요되고 병들어 있는 상태를 나타낸다. 표현 자체도 주관적으로 보았을 때, 혈흔이 묻어서 흐르는 듯한 느낌이었다.

마지막 컬러는 노랑이다. 마지막에 수강생이 노랑을 가져와서 작게 노란 폭죽 형상으로 표현했다. 노랑의 의미는 명도와 채도가 가장 높은 색으로 따스한 햇볕과 지식과 행복을 상징한다. 게다가 반짝이 가루가 있냐며 반짝이 가루로 노랑 위에 흩뿌려 마무리했다.

완성되고 난 후 수강생이 평소 정신병원에 다니고 있다는 사실을 털어놓았다. 겉으로 봤을 때 정말 예쁘고 순수한

20대 직장인이다. 대화도 잘하신다. 그러나 이 그림을 통해 마음이 아주 아프다는 것을 그 수강생도, 나도 알게 되었다. 그림이 완성된 후, 미술 심리치료와 컬러테라피를 배웠을 때를 떠올리며 단순히 컬러 이론을 베이스로 한 컬러 해석을 도와드렸다.

남색의 깊은 고독과 신경이 불안정함을 나타내고, 그 위에 흘러내리는 검붉은 빨강은 정신적으로 혹은 심적으로 아주 힘들고 지친 상태를 나타낸다고. 그리고 마지막에 폭죽처럼 터지는 노란색 원형들은 아래의 깔린 남색과 붉은색을 밟고 올라가 행복, 그리고 환희의 기쁨을 희망하고 있다고 해석해 드렸다. 현재는 이렇게 마음이 아프고 지쳤지만, 노란색이 의미하는 행복을 곧 찾을 수 있다고 말씀드렸더니, 말을 잊지 못했고 눈시울이 붉어지며 정말 현재 상태와 정확히 일치한다며 더 깊은 이야기를 나눌 수 있었다.

이렇게 무겁게 한마디 한마디 내뱉으신 수강생분의 용기가 참 대단했고, 컬러로 사람의 마음을 어느 정도 들여다볼 수 있다는 것도 새로운 경험이었다.

미술은 여러 가지 컬러를 사용하여 마음과 인생을 여행

하면서 행복을 찾으며 희망을 향해 내딛게 한다. 모든 사람이 원하는 컬러를 통해 에너지를 얻고 자아를 실현하기 바라고, 소소하게나마 행복을 향해 나아가는 데 디딤돌이 되길 원하는 마음으로 오늘도 그림을 그린다.

04

누군가 당신에게
행복을 가져다주고 있다

"수채화 물감으로 시와 먼 기억, 꿈을 그립니다. 나는 그림에 있어서 아마추어임을 잊지 않고 있습니다. 나는 글을 쓸 때 펜으로, 그림을 그릴 때 붓으로 누군가를 행복하게 만듭니다. 그 순간 내 마음은 따뜻해집니다…. 그림을 그리지 않았더라면 나는 지금의 작가가 될 수 없었을 것입니다."

_1917년, 헤르만 헤세가 펠릭스 브라운에게 보낸 편지 중

우리는 헤르만 헤세를 글 쓰는 작가로만 기억하고 있다. 청소년 필독 도서 《데미안》이 워낙 잘 알려진 탓이겠다. 나도 헤세의 수채화 그림을 접하기 전에는 독일의 저명한 소설가로만 알고 있었다. 그런 그의 펜을 잡게 한 요소 중 하나가

그림이었다는 사실을 알고 난 후에 컬러의 영향력은 어떤 직업을 가지고 있든 조금 더 나은 방향으로 우리를 이끌어준다는 사실을 다시 한번 확인하게 됐다. 이런 면에서 미술은 우리 모두의 삶을 풍요롭게 한다.

나는 그림을 그리는 것과 그림을 보는 것, 누군가 그림을 그리는 행위, 그림에 관해 이야기하는 모든 것을 사랑한다. 그래서 자유가 주어진 대학생 때 1년에 한 번씩은 꼭 유럽 여행을 통해 다양한 미술관에 다녀 보기도 하고, 행위를 통해 무언가 전달하는 퍼포먼스 팀을 만들어 정기적으로 길거리 공연을 열기도 했다.

나는 더 많은 것을 보며 참고하고 싶었고, 우리나라뿐만 아니라 유럽 여행을 통해 더 많은 경험을 내 것으로 만들고 싶었다. 특히 내가 가장 좋아하는 미술관과 예술가들이 몰려있는 영국은 그야말로 천국이었다. 남녀노소 국적에 상관없이 모든 사람에게 미술관은 자유롭게 개방되었고 가끔 볼 수 있는 학생들의 드로잉 활동도 구경할 수 있었다.

난 여러 미술관 중에 테이트 브리튼과 더 월리스 컬렉션을 가장 좋아한다. 2019년 겨울은 나의 6번째 영국 여행이었는데, 늘 그랬듯 첫째 날 방문지는 테이트 브리튼이었다. 아침 일찍 오픈 시간에 맞춰서 가면 한가하게 관람할 수 있다.

테이트 브리튼은 인상파에 많은 영향을 끼친 영국의 대표적 화가인 윌리엄 터너의 주요 작품을 많이 소장하고 있는 것으로 유명하다. 이곳에서는 16세기부터 20세기까지 영국 빅토리아 회화 컬렉션을 볼 수 있다. 처음 이곳에 왔을 때 윌리엄 터너의 거친 붓질에 매료되어 한참을 그림 앞에 서 있었다. 거친 바람이 파도에 부딪혀 소용돌이를 만드는 것 같은 입체감 있는 붓 자국은 파도가 화면을 넘어 나에게 밀려오는 듯했다.

터너의 작품을 처음 접한 후에 매번 영국에 갈 때마다 테이트 브리튼은 꼭 들르는 곳이 되었다. 모두가 출근하는 시각, 숙소에서 세 정거장만 지나면 테이트 브리튼에 다다랐다. 오전 10시, 이곳에 입장하여 여러 개의 문을 지나 전시장에 이른다. 항상 그렇듯 관람하러 올 때마다 전시장의 습하면서 안료가 뒤엉켜 있는 듯한 냄새에 마치 빅토리아 시대의 한 거대한 작업실에 방문한 느낌이 든다.

내가 처음 발을 디딘 공간에는 이젤 3개와 종이, 색연필, 연필, 지우개가 조각상 앞에 놓여 있었다. '미술관에 왜 이젤이 놓여 있을까?' 이젤을 바라보며 한참을 생각하던 찰나, 전시장에 계시던 백발의 장년 스태프분이 말씀하셨다.

"거기 놓인 종이에 자유롭게 그림을 그려도 돼. 네가 원하는 거 뭐든지 그릴 수 있어. 한번 해봐."

그의 이 한마디는 런던 여행 첫째 날 아침 잔뜩 긴장했던 나의 마음을 풀어주었고, 그는 내가 그림을 그림으로써 자유와 해방감을 느낄 수 있다는 것을 간파한 것 같았다.

나는 그의 말을 듣고 이젤 앞 하얀 도화지를 마주 보며 아침에 챙겨 나왔던 붓펜과 매직을 꺼내 들었다. 미리 준비되어 있던 HB연필과 색연필이 있었지만, 나의 표현을 극대화하기에는 너무나 부족한 도구였다. 그렇게 나는 어느 한 조각상 앞에 앉아 전체적인 구도를 먼저 잡고 각 부분의 위치를 대략 나누어 준 다음 머리, 어깨, 가슴, 다리, 발, 손 이렇게 차례대로 그려나갔다. 그리고 가져온 붓펜과 매직으로 대비감을 주고 싶었던 부분에 더 극적으로 표현했고 무의식적으로 원근감을 표현하고 있었다. 원근감과 대비를 주는 이유는 사물을 조금 더 입체적이고 살아있는 표현을 할 수 있기 때문이다.

나에게는 평면적인 표현보다는 밝고 어둠의 대비감과 컬러의 대비감, 그리고 묘사와 아웃포커싱을 더한 원근감, 그리고 다빈치의 스푸마토 기법을 이용한 공기원근법 표현 방식을 선호했다. 그렇기에 살아 숨 쉬는 조각상에 대한 평면적 표현은 당최 손에 잡히지 않는 표현이었다.

10분 정도의 짧은 크로키 후에 조각상의 훌륭한 근육과 육체의 입체감을 표현함으로써 생동감 있게 그려나갔다. 다 그린 후에 사진을 찍으려고 일어났는데 뒤에서 여러 명의 관람객이 내가 그리는 모습을 사진으로 담고 있었다. 나는 내가 할 수 있는 것을 했고, 사람들은 그런 나를 구경했고, 그 순간을 통해 그들과 나는 새로운 시선과 경험을 얻어갈 수 있었다. 의도하진 않았지만 여행 첫째 날, 그림을 그리며 이목을 집중시키는 특별한 경험을 하게 됐다.

그리고 방문했던 더 월리스 컬렉션에서 감정의 공유에

관한 생각을 다시 한번 되짚어보았다. 런던의 최고급 쇼핑몰이 밀집되어있는 본드 스트리트에 위치한 더 월리스 컬렉션은, 1900년대 허트퍼드 저택에 있는 미술관이다.

이곳엔 대부분 17세기와 18세기의 미술 작품이 전시되어 있다. 그 규모는 방대하리만큼 대단했다. 미술관의 초입부터 한 귀족 가문의 파티에 온 듯한 중앙 계단과 왼쪽 입구를 지났다. 첫 전시실에 들어갔을 때의 그 고급스러운 샹들리에와 모든 가구와 소품들, 그리고 방마다 다른 고급 실크 벽지들, 그리고 가장 눈에 들어오는 미술품들, 월리스 컬렉션에 있던 모든 것들이 실재하지만 실재하지 않는 가상의 것으로만 느껴졌다. 너무 비현실적으로 화려했기 때문이다.

어떤 사람은 프랑스 루브르와 베르사유궁전이 제일 화려하다고 느끼겠지만, 나는 여행 내내 가장 화려했던 공간이 더 월리스 컬렉션의 내부였다. 베르사유궁전은 궁전이라 그 화려함이 이해가 갔지만, 1900년도 영국 귀족의 저택이 오히려 더 섬세하고 고풍스러운 느낌을 주는 것이 놀라웠다.

한 시간 반 정도 월리스 컬렉션의 모든 것에 취해 미술관을 둘러보다가 마지막 파란 방에서 큐레이터와 함께 관람객들이 몰려있는 것을 보았다. 큐레이터가 서 있었던 곳은 〈Titus, the artist′s son〉이라는 렘브란트의 살아남은 유일한 아들인 티투스의 초상화였다. 렘브란트는 네덜란드의 화가로 레오나르도 다 빈치와 함께 17세기 유럽 회화의 최고 화가로 손꼽힌다. 렘브란트의 아들 초상화 앞에 자리 잡은 큐레이터 는 관람객들이 모두 초상화 앞에 모여들었는지 시선을 천천 히 왼쪽에서 오른쪽으로 한번 둘러본 후, "오늘의 마지막 그 림이자 제가 더 월리스 컬렉션에서 가장 좋아하고 사랑하는 그림입니다"라고 설명하기 시작했다.

"이 작품은 렘브란트의 아들 티투스를 그린 작품이에요. 저는 렘브란트의 빛과 어둠이 만들어지는 과정에서 탄생하 는 명암은 그림 속 사람과 그의 내면을 아주 깊숙이 들여다 보게 하는 것 같아요. 생명의 흐름처럼 느껴지는 노랗고 빛 을 발하는 듯한 밝음은 어둠을 더 어둡게 만들어주어 더욱 살아 숨 쉬는 듯한 초상화처럼 느껴지기 때문에 이 작품에 더욱 매료되는 것 같은 느낌을 주죠."

"빛이 있어야 어둠이 있다"라는 말처럼 나는 이 빛과 어 둠이라는 존재를 그림을 배우기 시작했을 때부터 체감했다.

빛과 어둠의 중요성은 상호보완적이라 둘 중 하나라도 없으면 둘 다 가치가 없는 죽어있는 존재처럼 느껴진다. 빛이 너무 많아도 눈이 부시고 어둠이 너무 많아도 두려우며 둘 다 없을 때는 감정도, 마음도, 사물도 없는 무(無)의 상태이기 때문에 가장 이상적인 것은 빛과 어둠이 적절했을 때다.

월리스 컬렉션에서의 큐레이터가 렘브란트의 아들 티투스의 초상화를 설명할 때 그 다리 역할을 함으로써 오는 감동과 행복감이 관람객에게 전해졌을 때 살며시 기분 좋은 미소를 띠기도 했던 것처럼, 나도 미술과 사람을 연결하는 다리 역할을 함으로써 느낄 수 있었다. 그림으로부터 감동과 위안을 느끼는 것처럼, 나의 작은 지식의 전달과 진실한 마음이 다른 사람에게 전달되었을 때 긍정적 영향을 선사하게 된다면 그야말로 내가 가장 행복하고 뿌듯한 순간이 아닐까.

렘브란트의 살아남은 유일한 아들인
티투스의 초상화

렘브란트의 초상화

내가 다니는 회사에는 행복한 일이 많이 있다.
아주 소소한 행복부터 너무나도 큰 행복까지
다양한 '행복의 공간'이다.

생각이 아닌
행동으로 살아가다

작가

전빛나

《날라리 행동력 수업》저자, 행동유발자(Behavior), 작가

지방대 출신, 無스펙, 작은 회사 직장인, 어느 것 하나 내세울 것 없던 그였지만 "꿈은 이루어야 맛이다"라는 문장을 가슴에 품고, 오로지 '행동력'하나로 불가능해 보이던 꿈을 하나씩 이루어가기 시작했다. 그렇게 수많은 인생의 허들을 넘고 넘으며, 지금은 대기업 ㈜SK에서 연봉 1억 원을 받는 신화적 인물이 되었다. 21년 동안 다양한 부서에서 다양한 성과를 내며 업무 능력을 인정받은 그는, 바쁜 시간을 쪼개어 경영학 박사 학위를 취득함은 물론, 《날라리 행동력 수업》을 집필 및 출간하는데 이어, 더 많은 사람과 행복을 나누기 위해 이 공동 저서를 집필했다.

매일 새벽 4시 반이면 어김없이 기상하여 가장 먼저 사무실 문을 열고 업무를 준비하는 그는, 남들은 불가능할 것이라고 했던 Web to Phone 사업 추진을 맡아 연간 210억원의 매출을 올리는데 기여하였으며, 온라인 음악포털 'Melon', 모바일 인터넷 'Nate' 등의 마케팅 및 기획을 맡아 1위 자리로 올려놓기도 했다. 삼성, 애플, LG 등 굴지의 기업들과 제휴 협약을 맺어 연간 600억 원, 유통망 및 소매 Role Model을 전략 및 기획, 연간 투자비용 900억 원을 이끌어 낸 업적을 지닌 그를, 사람들은 업계 미다스(MIDAS)의 손이라 부른다.

오랜 기간 사회생활을 해야 할 인생 후배들에게, 자신의 경험담을 날 것 그대로 알려주고 있는 저자는, 맨 몸 하나로 모든 장애물을 넘어섰던 그의 열정과 노하우, 도전을 두려워하지 않으며 꿈을 이루었던 그의 처절한 삶을 집필과 강연을 통해 알려주고 있다.

E-MAIL lovedrd@nate.com
FACEBOOK facebook.com/lovedrd
BLOG blog.naver.com/lovedrd01

01

알고 나면
늦어버리는 것들

오늘 그들의 사진 앞에 앉아있다. 사진 앞에 앉으면 눈물이 주르륵 흐른다. 그리고 죄송하다는 말과 함께 사랑한다고 말한다. 국어사전에서는 '호상'을 "복을 누리고 오래 산 사람"이라 했다. 나는 '호상'이라는 말을 좋아하지 않는다. 누군가 죽으면 그 자체만으로 슬퍼하기 마련인데, 어찌 '호상'이라는 단어로 위로를 할 수 있을까. 물론 편안히 돌아가셨으니 너무 슬퍼하지 말라는 위로를 담은 말이지만, 요즘은 오랫동안 살다 죽으면 흔하게 사용하는 단어이기에 적절하지 않게 느껴진다.

어린 시절, 행복했던 기억이 있다. 할아버지, 할머니 댁에 놀러 가는 것이었다. 난 늘 할아버지와 함께했다. 할아버지는 새벽이면 일어나 자전거에 나를 태우고 약수를 떠 오셨다. 난 어려서부터 운동을 좋아해 가끔 학교에 가서 운동하곤 했는데, 그런 날 기다리며 지긋이 지켜보시곤 집으로 돌아오는 길에 옛이야기도 해주셨다.

할아버지는 내가 끔찍이도 소중했나 보다. 어머니는 몸이 약해 모두가 출산을 반대했지만, 그래도 날 낳겠다는 의지가 강해 기어코 날 낳으셨다는 이야기를 해주시며 가족의 중요성을 늘 강조하셨다. 그런 할아버지와 손잡고 걷는 것이 참 좋았다.

어느 날, 내가 화가가 되겠다고 했을 때, 그림쟁이는 밥을 굶는다며 나를 말리셨다. 내 꿈을 반대한 셈이지만, 날 생각하시는 할아버지의 마음만큼은 깊게 느낄 수 있었다. 한 번은 회사에 취직해 아무에게도 이야기하지 않고 할아버지가 계시는 대전으로 향한 적이 있다. 가족이 다 같이 다녀온 적은 있었지만, 혼자는 처음이었다. 이가 좋지 않아 잘 씹지 못하는 할아버지에게 부드러운 음식을 드리고 싶은 마음에 초밥을 사서 찾아갔다. 할아버지는 너무 맛나다며 미소를 지으셨고, 그 이후 얼마 지나지 않아 우리 곁을 떠났다.

할아버지가 돌아가시고 나니 아쉬움이 생긴다. 관악산에 할아버지와 둘이 오르던 어느 날이었다. "나를 이곳에 데리고 와주는 사람이 한 명도 없다"며 슬며시 당신 소원을 말씀해주셨다. 손자들이 서울대에 들어가 성공하길 원하셨는데, 결국 이뤄드리지 못했다. 또 한 번은 할아버지가 몸이 허약해지자 보약 한 제 드시고 싶다고 말씀하셨을 때는 아직 직장에서 완전하게 자리를 잡지 못해 직접 해드리지 못하는 나 자신이 너무 한심하고 지금도 내내 아쉬움이 남는다.

그런 할아버지가 있었다면, 할머니는 또 다른 사랑으로 아껴주셨다. 심장병이란 큰 수술로 몸과 마음이 지친 나에게 할머니는 모두가 자는 시각에 조용히 깨워 나를 주방으로 데리고 가셨다. 그리고 수술로 지쳐있는 손자를 위해 원기 회복으로 소문난, 구하기 어렵다는 '쌈닭'을 준비해 밤새 끓여 주셨다. 손수 살을 발라주시고 국물도 먹으라고 하시며 밥 위에 김치를 올려 주시던 할머니, 그 사랑과 정성 덕분일까. 나는 지금도 건강하게 지내고 있다.

돌아가시기 전까지 전화를 드리면 "너는 성공할 것이다" "빛나가 잘되어야 한다"고 말씀해주시며 사랑한다고 이야기하셨고, 나를 보면 "우리 예쁜 빛나"라고 하시며 나에게 볼을 비비며 안아주시던 할머니의 모습이 참 그립다. 출장을 가면 맛있는 음식 드시고 건강하시길 원하는 마음으로 그곳 특산물을 보내드리곤 했는데, 할머니도 결국 떠나보내고 말았다.

드디어 내가 꿈꾸고 바라던 곳에 입사하게 됐다. 그곳에 갈 수 없다고도 생각했는데, 응원해주는 사람은 가족뿐이었다. 그분들을 떠나보내고 난 이후, 당당하게 입사했지만, 마음 한쪽에 그분들의 부재가 깊게 자리했다. 게다가 입사한 지 얼마 지나지 않아 아버지마저 떠나보냈다.

고등학교 때 아침마다 등교를 시켜주시고, 취직 후 새벽 4시 30분이면 회사로 출발하는 아들을 매일같이 태워다 주시던 아버지였기에 내겐 더욱 특별한 마음이었다.

아버지는 골프를 참 좋아했다. 매번 아들과 같이 운동하고 함께 이야기하는 것을 좋아하셨지만, 취업 후 회사 업무가 바쁘다는 이유로 자주 함께해드리지 못했다. 아침에 출근하기 전 아버지가 식사하시는 모습을 보고, 아버지가 태워주시는 차를 타고 출근을 하는 것이 함께하는 시간의 전부였다. 퇴근 후에는 주무시고 계셔서 이야기할 시간이 별로 없었다.

그러다 하루 휴가를 내고 아버지와 함께 다닐 시간을 만들었다. 전에는 매번 아버지가 운전하는 차를 탔지만, 하루만큼은 직접 운전도 해드리고 싶었고, 업체에서 회의하시는 아버님 옆에 앉아있거나 점심도 같이 먹고, 차도 같이 마시며 하루를 보냈다.

특별한 것은 없었지만 아침 출근부터 퇴근까지, 아침 식사부터 저녁 식사까지 아버지와 함께한 것은 고등학교 이후 처음이었던 것 같다. 이 생각을 할 때쯤 아버님은 "참 든든하다. 고맙다 빛나야"라고 말씀하셨다. 특별하게 무언가를 할 것이 아니라 그냥 같이 있어 드리는 것이 아버님께는 행복이었던 것이다. 이런 시간을 자주 마련하지 못해 너무 죄송했다.

행복이란 무엇인지 잘 몰랐다. 사소한 것이 행복이라는 것을 알고 난 후에는 야속하게도 늦어버리곤 한다. 행복하게 만들어 드리고 싶은 분들 중 일부는 내 곁을 떠나셨다는 것을 알아버리곤 후회하게 됐다. 이렇게 늘 한발 늦는다.

공부해야 할 시기에 조금 더 열심히 했다면, 지금 박사로 졸업하는 모습을 할아버지께 보여드릴 수 있었을 것이다. 전화만으로도 그렇게 좋아하시던 할머니께 자주 찾아뵙고 인사를 드렸으면, 무척 좋아하셨을 것이다. 아버님과 시간을 조금 더 함께할 수 있게 시간을 활용할 수 있었다면, 욕심을 조금 줄이고 아버님과 함께했다면, 나는 지금 더욱 행복한 사람이었을 것이다. 늦었지만 그분들께 죄송한 마음을 전하고 싶다. 못다 해드린 것들이 많지만, 마음만큼은 고스란히 전해드리고 싶다.

02 ────── 행복 준비 태세를
갖춰라

"기쁨은 사물 안에 있지 않다. 그것은 우리 안에 있다."

_리하르트 바그너(Richard Wagner)

　직장생활을 하는 사람들이 가장 많이 시간을 보내는 곳이 바로 회사라는 공간이다. 그 공간에서 행복할 수 있다면 어떨까. 하지만 직장에서 행복을 만들어내는 일이란, 여간해선 쉽지 않다. 사람들 대부분이 회사라는 공간에 있는 것을 싫어하거나 빨리 벗어나 버리고 싶어 한다. 하지만 이 공간을 행복의 공간으로 바꿀 수 있다면, 하루에 가장 많은 시간을 보내는 곳에서 행복을 만들 수 있다.

　그렇다면 '왜 사람들은 회사를 싫어할까?' 돈을 받고 일한다고 느끼기 때문이다. 사실 틀린 말은 아니다. 물론 돈을 벌기 위해 회사에 오지만, 그렇게만 생각하면 회사는 지옥과 같이 힘든 공간으로 변해버린다. 불편한 공간이 되어버린 회사, 그곳에서 장시간 업무를 한다는 것은 너무나 힘든 일이다.

그러나 내가 다니는 회사에는 행복한 일이 많이 있다. 아주 소소한 행복부터 너무나도 큰 행복까지 다양한 '행복의 공간'이다.

아침에 출근할 때 1층 보안요원분들이 반갑게 인사해주신다. 매일 아침 회사 1층에 도착해서 회전문을 통과하면 "일등이십니다!"라는 소리를 듣곤 한다. 나 역시 즐거운 마음으로 인사한다. 15층 사무실에 도착하면 여사님(청결한 사무환경을 만들어주기 위해 청소를 도와주는 분들을 우리는 여사님이라 부른다)이 인사해주신다. "안녕하세요? 좋은 하루 보내세요." 이런 인사로 시작해 즐거운 하루를 살아가게 된다. 출근하는 직원들에게도 서로 인사하면, 하루의 시작을 웃음으로 시작하는 행복을 만들게 된다. 하루가 끝나갈 때쯤 회사에서 나올 때 모두 몸은 지쳐있지만 밝은 모습으로 서로에게 인사를 건네며 집으로 향한다. 가장 오래 있는 공간에서 밝은 인사로 시작하고 끝맺는다. 이러한 방식으로 행복을 전달하고 만들어가는 것이다.

이렇게 나는 회사를 행복한 공간으로 만들어 많은 것을 이루게 되었다. 행복한 공간이기에 가장 편안한 공간이 되어 대학원에 들어가 석박사 과정을 졸업할 수 있었다. 특히 박사 과정을 밟을 때 이 공간이 없었다면 나는 꿈을 이루지 못했을 것이다. 이곳에서 논문을 쓰면서 밤을 새우기도 했고, 주말에도 나와 혼자 있는 공간에서 공부하기도 했다. 때로는 힘들 때 내가 쉴 수 있는 공간으로 변하기도 했고, 위로해주는 공간으로도 활용됐다. 이렇게 회사라는 공간은 나에게 다양하게 활용되었고, 결국 내 삶에 행복을 가져다주었다.

나는 집중할 시간과 휴식할 시간을 잘 알고 있다. 별것 아닌 것 같지만, 내게는 큰 발견이었다. 물론 하루아침에 찾게 된 것은 아니지만, 깨달았을 때 그 기쁨은 말로 표현할 수 없었다. 집중의 시간은 자신의 능력을 몇 배로 향상하게 하고 그만큼 자신의 성과와 성공을 위해 많은 도움이 된다. 참고로 내 저서 중 〈날라리 행동력 수업〉을 보면 어떻게 집중의 시간을 찾을 수 있는지 자세히 나와 있다.

밤을 새우고라도 많은 일을 할 수 있겠지만, 그렇게 하지 못하는 사람들일수록 집중의 시간을 통해 업무와 자기 계발에 성과를 높일 수 있다. 집중력이 높아지는 시간을 알게 되면 능력을 향상시키고 성과를 높이는 것 외에도 많은 변화를 가져올 수 있다. 결국, 기쁨과 행복의 시간이 증가하는 것이다. 회사에서 집중의 시간에 업무에 매진하게 되면 타인보다 더 많은 일을 하고, 더욱 좋은 아이디어와 기획안을 만들수 있다. 물론 그에 따른 성과와 보상이 따른다. 이것으로 그치지 않는다. 더 나아가 행복감과 만족감을 가져온다.

회사에서 하루에 8시간이나 보내는 동안 그 시간을 즐거움으로 가득 채울 수 있는 것이다. 가장 많은 시간을 보내는 공간인 회사에서의 생활이 행복하지 않다면 삶이 얼마나 불편할까. 조금만 생각해 보면 집중의 시간을 알아 가는 것이 삶을 풍요롭게 하는 데 상당히 중요하다는 걸 깨닫게 될 것이다.

그렇게 자기만의 공간에서 내 시간을 활용하면 주변 사람들과의 신뢰가 쌓인다. 신뢰가 쌓이면 자신이 좋아하는 공간인 회사에서 내 이름이 많이 불리게 된다. 다양한 업무를 처리하기 위해, 때로 도움을 청하기 위해서 불리게 되는데 그때 행복이 극대화되는 것을 느낄 수 있다. 김춘수의 시, 〈꽃〉에서 말하듯 사람들이 내 이름을 불러주기에 존재감이 더욱 드러난다. 그리고 행복이 배가된다.

나를 찾는 사람이 많다는 것은 그만큼 내가 열심히 노력하고 신뢰를 쌓았다는 것을 방증하기 때문에 자신의 행복을 만들어 가기 위한 노력은 당연하다고 할 수 있다. 하지만 노력만큼 중요한 것이 꾸준한 지속력이다. 무엇이든 지속하지 않으면 노력이 물거품 되는 것은 시간문제다.

노력하고 지속한다는 것은 생각을 행동으로 옮기는 것까지 포함하는 이야기다. 많은 사람이 행복에 대한 꿈을 꾸지만, 행동으로 이어지지 않는다. 그 행동을 지속하지 않기에 꿈을 꾸는 것으로 끝나기가 다반사다.

손이 움직여야 글을 쓸 수 있듯 행동하지 않으면 상상하는 꿈을 이룰 수 없다. 회사에서 아침 인사도 마찬가지다. 내가 먼저 꾸준하게 행동으로 옮기지 않으면 사람들 대부분이 나에게 먼저 인사하지 않는다. 그렇기에 행동은 자신의 꿈을 이루고 행복을 만들어내는 힘을 가지고 있다. 행복의 공간을 만들어내는 것 역시 마찬가지다. 결국, 우리는 행동력을 통해 자신의 행복의 공간을 만들 수 있다.

"행동은 주변 사람의 신뢰와 함께 나의 행복의 공간을 만들어 무한하게 행복할 수 있게 만들어 준다"는 리하르트 바그너(Richard Wagner)의 말처럼 행복은 우리 안에 있기 때문이다.

| 우리는 행복하기 위해서 세상에 왔지

눈 떠보니
보이더라

"키가 커 보이는데 무슨 운동 하나?"

의사 선생님이 물었다. 농구를 했다는 대답과 함께 나는 아무 기억이 없다. 눈을 떠보니 앞은 캄캄하고 손과 발은 움직이지 않았다. 숨을 쉬는 것조차 힘들었다. 여기가 어디인지, 나는 죽은 것인지 아무것도 알 수가 없었다.

그렇게 얼마나 지났을까? 귓속에 누군가의 목소리가 들렸다. 잠시 후 간호사 선생님이 안대를 벗겨준 후에야 수술이 잘 되었다는 것을 알 수 있었다. 손발이 묶여 있고 산소호흡기를 통해 숨을 쉬고 있었다. 그리고 얼마 후 아버지의 모습이 보였다. 아버지는 나를 보며 눈물을 흘리기 시작했다. 미안하다는 말과 함께. 그리고 몇 시간이 지나 휠체어를 타고 밖으로 나왔다. 드디어 나를 기다려주는 가족의 얼굴을 볼 수 있었다. 우리 가족은 길고 긴 수술 시간이 지나고 창백하고 핏기없는 얼굴로 나온 나를 눈물로 반겨주었다.

가족이 행복한 순간은 나에게도 가장 큰 행복을 가져다준다. 초등학교 시절 그림 그리기를 정말 좋아했다. 월요일 아침 모두가 운동장에 모여 조회할 때 단상에 올라가 상을 받은 적이 있다. 한꺼번에 7개의 상을 받았는데 모두 미술상이었다. 상 7개를 집에 가지고 왔을 때 부모님과 형이 기뻐하던 모습을 아직 잊지 못한다.

세월이 많이 흘러 취업해서 열심히 일하는 모습을 뿌듯하게 바라보시던 부모님, 하지만 다른 사람들에 비해 작은 회사에 취직해 일하는 아들을 바라보며 "더욱 열심히 일해서 능력을 인정받으면 원하는 회사에서 일할 수 있을 거야"라고 응원해주셨다.

어떤 이들은 한 번에 자신이 원하는 회사에서 근무할 수 있겠지만, 학창 시절 공부보다는 내가 좋아하는 운동, 음악, 미술에만 매달려 생활했기에 부모님이 원하는 대학에도 가지 못했다. 그래서 내가 원하는 회사에 입사하기는 꿈도 꾸지 못할 일이었다. 하지만 부모님의 응원에 다른 사람들보다 더욱 노력하게 되었고, 이겨낼 수 있다는 긍정적인 생각이 자리하게 됐다. 결국, 남들보다 열심히 살아 지금은 내가 다니고 싶어 하던 꿈의 회사에서 일하고 있다.

처음 입사했을 때 정말 기뻤지만 나보다 더욱 기뻐하던 사람들이 바로 가족이었다. 우리 가정뿐만 아니라 친척들까지 모두 기뻐하며 즐거워했다. 옛날이었으면 아마도 소나 돼지를 잡고 마을 입구에 플래카드를 걸었을 정도라고 이야기할 정도로 너무나 기뻐해 주었다. 나는 그러한 기쁨이 이어지기를 바랐다. 가족 모두가 기뻐하는 모습이 너무 좋았기 때문이다.

직장에 다니면서 내가 부족한 부분인 학력을 쌓기 위해 노력했다. 처음에는 석사까지만이라도 해야겠다는 생각으로 시작했지만, 시간이 지나면서 목표가 더 높아졌다. 3년 안에 박사학위를 취득하겠다는 목표를 정한 것이다.

내가 다닌 학교는 가장 짧은 시간에 취득할 수 있는 시기가 3년이지만, 아직 그 학교에서 3년 만에 졸업한 사람은 없었다. 박사학위를 취득하기 위해서는 적어도 2년여의 기간 동안 수업을 들어야 한다. 또한, 교수님들이 계신 자리에서 연구에 대한 방향성을 승인받는 데 반년, 논문을 작성해 심사하는 데 최소 반년의 시간이 필요하다. 사람들 대부분이 논문을 쓰고 승인받는 데 3년에서 5년이 걸린다. 논문이 통과되지 않으면 수료, 논문이 통과되면 졸업이 된다. 그렇게 목표로 잡은 3년, 학교 창설 이래 처음으로 3년 만에 졸업하는 학생이 되었다.

결코, 쉬운 상황이 아니었다. 회사에 다니며 학교 수업에 참석하고 퇴근 후 밤을 새우며 과제와 논문을 쓰며 생활했다. 하루에 1시간도 못 잘 때가 많았으며 너무 힘들어 포기하려고도 생각했다. 하지만 그때도 내 곁에는 사랑하는 가족들이 있었다. 잠시 쉬는 시간을 가지고 심호흡을 하라고 이야기해준 형과 너무 힘들면 포기해도 괜찮다고 말씀해주시는 어머님 앞에서 절대 포기는 없다고 다짐했다. 결국, 박사학위를 받고 주변의 많은 사람에게 칭찬을 듣게 되었다. 그리고 가족과 친척들을 돌아보니 나보다 더 기뻐하시는 모습을 보게 되었다.

가족의 행복, 그것은 바로 나의 행복이라는 것을 알게 됐다. 나 또한 가족의 일원이기 때문이다. 또한, 내가 행복한 것보다 타인을 행복하게 만드는 것이 결국 나를 발전시키고 행복하게 만드는 것이라는 행복의 원천을 알기 때문이다. 원하는 회사에 가서, 받고 싶었던 학위를 원하는 시기에 받았을 때, 이 모든 삶을 함께해주는 가족이 있어 더욱 행복하다.

옛말에 "기쁨은 나누면 배가 되고 슬픔은 나누면 반이 된다"고 했다. 나를 위한 노력으로 시작한 일이고, 성공을 위한 시작점에 불과하지만, 가족이 있어 나는 너무나 행복하다. 앞으로 가족의 행복을 위해, 그리고 나를 알고 있는 모든 사람을 위해 행복을 전달하고 싶다.

할아버지, 할머니, 아빠와 엄마, 이모들과 이모부들, 삼촌과 형, 누나, 동생까지 수술 이후 다시 눈을 뜨니 나의 사랑하는 사람들이 너무도 많이 있었다. 그런 나는 행복한 사람이다. 이 행복을 함께 나누기 위해 더욱 열심히 살아야 한다는 일종의 사명감이 생긴다.

04

내 꿈은
대통령입니다

　어린 시절 누구나 한 번쯤 꿈이라고 생각했던 대통령, 사전적 의미로는 "외국에 대하여 국가를 대표하고 행정권의 수반(首班)이 되는 최고의 통치권자를 의미한다"고 한다. 국가를 대표해서 국민이 해야 할 이야기를 하고 국민에게 필요한 것을 대신 만들어야 하는 자리로 국민의 행복을 위해 노력해야 하는 자리다. 그런 대통령이 바로 나의 어린 시절 꿈이었으며, 지금도 내 꿈이다.

　이 꿈을 단 한 번도 잊은 적이 없었지만, 어린 시절에는 생각만으로 꿈이 이뤄지지 않는다는 것을 몰랐다. 그 당시, 내가 하고 싶어 하는 것을 하면서 머리로만 꿈을 이루겠다 생각했다. 그것이 얼마나 어처구니없는 생각이었는지 모른다.

나를 대신해서 대통령이 될 사람은 많지만, 나를 위해서 대신 대통령이 될 수 있도록 노력해주는 사람은 없다는 것을 성인이 되어서야 알게 됐다.

사람들이 "빛나는 커서 뭐가 되고 싶어?"라고 질문하면 대통령이 높은 사람이라는 생각에 대통령이 되고 싶다고 생각했다. 하지만 지금은 가족뿐 아니라 나를 아는 모든 사람, 그리고 나를 모르는 사람 모두가 행복했으면 좋겠다는 생각에, 그런 세상을 만들고 싶다는 생각이다. 그래서 내 꿈은 대통령이다.

이제는 노력해야 꿈을 현실로 만들 수 있다는 생각에 목표를 정했다.

첫 번째 목표는 "모든 사람이 인정하는 사람이 되자!"
두 번째 목표는 "모든 사람을 이해시킬 수 있는 사람이 되자!"
마지막으로 정한 세 번째 목표는 "모든 사람이 닮고 싶은 사람 되자!"였다.

목표를 설정했으니 달성하기 위해 노력하기 시작했다. 첫 번째 목표를 이루기 위해 내가 그토록 가고 싶어 했던 우리 회사에 들어가야 했다. 누가 들어도 알만한 회사에서 인정 받는다는 것이 모든 사람이 인정해주는 것으로 생각했기 때문이다.

작은 회사에 다니면서 목표를 이루기 위해 남들보다 먼저 출근해 준비하고 남들보다 늦게까지 일했다. 그러다 보니 별명이 많이 생겼다. 디자이너 생활을 할 때는 단축기를 빠르게 쓴다고 해서 '신의 손'이라 불렸고, 제휴를 할 때는 '총 알탄 사나이'로 많은 곳을 빠르게 다닌다는 별명이 붙었다. 조금 더 지나 서비스 기획을 할 때는 '후킹맨'으로 서비스의 성격에 맞게 고객을 잘 유입시킨다는 뜻에서 만들어진 별명이다. 그리고 지금의 난 '아침반'이다. 아침에 누구보다 일찍 나와 하루를 준비한다는 의미에서 지어진 별명이다.

이런 별명이 수없이 생기면서 타인의 인정과 함께 나는 내가 원하는 회사에서 근무할 수 있게 됐다. 그러기까지 12 년이라는 시간이 필요했다. 12년간 단 한 번도 늦게 출근한 적도 없었고, 누구보다 부지런히 일했다.

회사에서 사람들에게 인정받는다는 것, 많은 사람에게 인정받는다는 것은 한순간의 노력으로 되는 것이 아니다. 10년이면 강산도 변한다는 옛이야기가 있는데 무려 12년이라는 시간이 걸려 인정을 받을 수 있었다. 22년 차인 지금까지도 나는 사람들에게 인정받기 위해 노력하고 있다.

두 번째 목표인 "모든 사람을 이해시킬 수 있는 사람"이 되기 위해 무엇을 해야 할까, 생각하다가 이해시키는 것은 논리가 필요하고, 논리에는 근거가 뒷받침돼야 한다고 생각했다. 그래서 나는 배움의 장인 학교로 향했다. 전문적인 지식을 배우고 근거에 맞는 논리로 사람들을 이해시키기 위한 것이었다. 학업에서 손을 뗀 지 오랜 시간이 지난 상태로 두려움과 부담은 커져만 갔다.

그렇게 석사(MBA) 공부를 시작했고 2년 후 졸업을 앞둔 시점에서 또 하나의 결심을 하게 됐다. 아직은 부족하다는 생각에 3년 안에 박사를 졸업하겠다는 세부 목표를 가지고 박사학위에 도전했다. 주변에서는 직장에 다니며 박사학위를 받기가 쉽지 않다고 하였지만 내 의지를 꺾진 못했다.

하지만 정말 쉽지 않은 도전이었다. 2년간의 수업을 듣기 위해 회사가 끝나는 시간에 있는 수업을 찾아 듣고, 수업이 끝나면 밤을 새워 공부했다. 그렇게 2년이 지나고 논문을 쓰기 위해 보낸 1년의 세월, 말했듯이 하루에 한 시간도 못 잘 때가 대부분이었고 논문을 쓰고 수정하기를 반복했다. 그리곤 결국 3년 만에 졸업가운을 입고 가족들 앞에서 나의 도전의 성공을 알리는 사진을 찍을 수 있었다.

마지막으로 내가 생각한 목표 중 세 번째 "모든 사람이 인정해줄 수 있는 사람이 되기"는 지금까지의 삶과 비교하면 더욱더 힘든 일이었다. 어떻게 해야 할지, 무엇을 해야 할지 전혀 감이 잡히지 않는 상황에서 지인의 추천으로 상담을 받으러 갔다가 학원에 등록하게 됐다.

나의 이야기를 전달하여 나와 같은 생각과 행동을 통해 많은 사람에게 행복을 만들어 줄 수 있는 것을 해보기로 했다. 학원에서 배운 것이 바로 책 쓰는 방법이었다. 학원 8주 이후 4개월 안에 책을 내겠다는 세부 목표를 정하고 도전을 이어갔고, 그 열매로 2019년 9월에 《날라리 행동력 수업》이

발간되었다. 이 책을 읽고 많은 사람이 즉시 행동하고 행복을 만들어 가면 좋겠다.

이렇게 꿈이 있다는 것, 꿈을 이루려 노력하는 것은 행복한 것이다. 주변 사람들에게 꿈을 물어보면 사람들 대부분이 사라져 한참을 생각하거나 꿈이 없다고 이야기하곤 한다. 2002년 모두가 "꿈을 이루어진다"라고 외치며 월드컵 4위에 당당하게 이름을 올리지 않았나. 국민 모두의 응원이 있었고, 선수들도 꿈을 이루기 위해 땀 흘려 노력한 결실이었다. 이렇듯 우리는 스스로 응원하며 자기 꿈을 이루기 위해 노력해야 한다.

꿈은 이루는 순간, 행복의 시간이 시작된다. 행복을 위해 투자하자.

매일매일 온종일 연습해도 좋았다.
즐겁고 행복하지 않으면
그렇게 미친 듯이 몰두하진 못했으리라.

오늘은 왠지
좋은 일이 생길 것만 같아

작가

김지혜

KBS 성우, ㈜보이스투보이스 방송연기교육원 대표, 교육작가

저자 김지혜는 무수히 많은 애니메이션과 영화, 다큐멘터리 등 프로그램에서 활약한 베테랑 방송 성우다. KBS 공채 성우를 거쳐 약 18년 동안 성우 지망생들을 양성해 왔으며, 그녀만의 노하우와 콘텐츠로 2014년 ㈜보이스투보이스 방송연기교육원을 설립, 방송 성우 아카데미뿐만 아니라, 초등학교 방과 후 교실 〈어린이 성우 교실〉, 애니메이션 더빙 교재 출판, 어린이 성우 에이전시 등 성우 콘텐츠를 이용한 교육 사업을 활발히 펼치고 있다.

어렸을 때부터 꿈꾸던 성우가 되고 평생을 성우로 활동하며 세상에서 가장 큰 행복을 선물 받았다는 그녀는, 자신이 받은 행복을 이제 자라나는 어린이들의 꿈과 희망을 위해 사용하고 싶다고 말한다.

슬하에 2명의 자녀를 둔 워킹맘으로서, 회사의 대표로서, 성우, 교육 사업가, 작가 등 1인 다 역을 소화해 내는 그녀에게 어떻게 그 많은 일들을 다 해낼 수 있냐고 물어보면 그녀는 웃으며 대답한다. "모든 일을 완벽하게 하려고 하지 마세요. 적당히 할 수 있는 만큼만 하면 다 할 수 있어요."

보기만 해도 함께 행복해지는, 긍정의 마인드를 가진 그녀이기에, 이 책을 통해 그녀만의 행복 노하우가 명쾌하게 제시되어 더 많은 사람들의 멘토로, 희망이 되어 주길 진심으로 바라고 있다.

E-MAIL jh_ssam@naver.com
BLOG blog.naver.com/vovoschool
TWITTERR @spacechungkr
YOUTUBE @VTV엔터, @낭독의 신
HOMEPAGE www.voicetovoice.co.kr

01

큐피드의
화살

초등학교 2학년이었다. 내게 큐피드의 화살이 꽂혔다.

어느 날 부모님이 동화책 전집을 사주셨는데 그 전집에
는 동화책과 함께 카세트테이프가 들어있었다. 요즘으로 치
면 동화책을 읽어주는 오디오 CD와 같은 것이다. 요즘에야
CD 플레이어나 스마트기기를 통해 음악도 듣고 오디오북도
듣지만, 그때만 해도 전축이나 카세트에 테이프를 꽂아 녹음
도 하고 음악도 듣던 시절이었다.

사실 나는 동화책보다는 그 안에 함께 들어 있는 테이프
가 더 신기하고 관심이 갔다. 평소 해외 출장을 자주 다니셨
던 아버지는 딸들의 목소리를 녹음해서 다니셨는데 그래서
우리 집 한쪽에는 나름 커다란 위용을 자랑하는 큰 카세트

가 있었다. 나와 내 동생이 언제나 목소리를 녹음할 수 있도록 빈 테이프도 항상 꽂혀 있었다.

난 그 카세트에 동화책과 함께 들어 있는 테이프를 넣고 플레이를 눌렀다. 카세트에서는 영롱한 음악 소리와 함께 아름다운 여자 목소리가 흘러나오기 시작했다. 그 목소리는 세상에 존재하지 않는 천사의 목소리처럼 부드럽고 따뜻하고 아름다웠다. 나는 큐피드의 화살을 맞은 것처럼 그만 한순간에 매료되어 버리고 말았다.

"세상에 이렇게 아름답게 책 잘 읽는 목소리가 있다니…."

그 테이프 속에는 해설만 있는 것이 아니었다. 동화책 속에 등장하는 캐릭터들의 대사도 있었는데 다양한 목소리로 변성해가며 재미있게 연기하는 것이었다. '어떻게 저렇게 다양한 목소리를 낼 수 있을까.' 그 동화책 속의 목소리가 너무나 신기했다. 동화책의 내용보다 동화책을 읽어주는 성우의 목소리에 꽂혔다. 아름다운 목소리에 매료된 나는 매일매일 테이프를 들었다.

처음엔 듣기만 하다가 얼마 지나지 않아 그대로 따라 읽

기 시작했다. 테이프 속의 목소리처럼 아름다운 목소리로 유
창하게 책을 읽고 싶었다. 그리고 다양한 목소리로 연기도
하고 싶었다. 어린 나이였지만 그 열망이 얼마나 컸는지 책
읽는 연습뿐 아니라 동화책 속에 나오는 엄마, 아이, 선생님,
사자, 기린, 병아리 역할 등, 캐릭터 연기도 혼자 목소리를 바
꿔가며 연습했다.

아버지가 목소리를 녹음할 수 있도록 빈 테이프를 꽂아
두었던 카세트는 나의 가장 친한 친구가 되었다. 연습하고
나면 항상 녹음기를 눌러 내 목소리를 녹음하곤 했다. 성우
목소리를 따라 녹음하고 들어보는 일은 무엇보다 즐거웠다.
매우 내성적이었던 나는 친구들과 밖에 나가 노는 것보다
아무도 없을 때 방에 혼자 틀어박혀 연습하는 시간이 가장
행복했다. 그리고 성우가 되고 싶다는 꿈이 마음속 깊이 자
리 잡았다.

초등학교 6학년이 된 지 얼마 지나지 않아 아직은 새로
운 반의 분위기가 서먹하던 3월 어느 날, 옆 반 담임선생님
이 나에게 교무실로 내려오라고 호출하셨다. 영문도 모른 채

교무실에 내려간 나에게 선생님은 노래를 불러보라고 하시더니 그다음엔 책을 읽어보라고 시키셨다.

"음, 괜찮게 하네. 지혜는 합격이다."

알고 보니, 그 선생님은 EBS 라디오에서 방송되는 〈6학년 음악〉을 진행하고 계셨다. 그 당시에는 학교에 다니지 못하는 가난한 학생들을 위해 EBS에서 모든 과목을 학교 진도에 맞추어 1년 동안 방송했는데 마침 옆 반 담임선생님이 음악 수업을 진행하고 계셨다. 선생님이 음악 수업을 진행하실 때 함께 출연할 학생들이 필요했는데 6학년 전교생들 가운데 노래를 곧잘 하는 학생 8명이 선발되었다. 나는 운 좋게도 8명의 선발팀에 끼어 한 달에 한두 번씩 EBS 방송국에 녹음하러 다니게 되었다.

강서구 등촌동에서 EBS 방송국이 있는 양재동까지는 매우 멀었다. 오랜 시간 차를 타고 이동하는 것이 힘들었지만, 한국교육방송이라는 글자가 쓰인 승합차에 올라탈 때면 뭔가 뿌듯하고 자랑스러운 기분이 들었다. 〈6학년 음악〉의 출연 학생으로 녹음하는 일은 생각보다 간단했다. 선생님이 "캐스터네츠를 쳐 볼까요?" 하시면 캐스터네츠를 치고, "탬

버린을 흔들어 볼까요?" 하시면 탬버린을 흔들면 됐다. 노래
도 대부분 함께 부르는 합창이었기 때문에 방송 출연이라고
어렵거나 긴장되는 일은 없었다. 나는 그저 가끔 학교를 빠
지고 방송국에 녹음하러 가는 것이 좋았다. 그러나 그보다
더 큰 행운은 뜻하지 않게 찾아왔다.

　그렇게 녹음하러 다니던 어느 날, 우리가 도착했을 때 스
튜디오에는 아직 앞 녹음이 진행되고 있었다. 나는 호기심에
스튜디오 창으로 안을 들여다보았다. 20여 명쯤 되어 보이는
어른들이 마이크 앞에서 연기하고 있었다. 바로 라디오 드라
마를 녹음하고 있는 성우들이었다.

　내 눈은 두 배 가까이 커졌다. 믿어지지 않았다. 성우들
이 녹음하는 광경을 이렇게 가까이서 보다니! 가슴이 둥둥
뛰었다. 그곳에서 성우들이 실제로 드라마 녹음하는 모습을
보게 된 것은 행운이었다. 알고 보니 우리의 녹음 바로 전에
성우들의 드라마 녹음이 있었고, 운이 좋은 날은 종종 성우
들의 녹음 장면을 볼 수 있었다. 그 후로 나는 EBS에 녹음
하러 가는 날을 손꼽아 기다리게 되었다.

〈6학년 음악〉을 녹음하러 다닌 지 1년이 다 되어 내용이 끝나갈 무렵, 음악책의 마지막 노래는 '졸업식 노래'와 '스승의 은혜'였다. 그런데 선생님은 뜻밖에 나와 내 친구에게 한 곡씩 가사 낭송을 시키셨다.

　"지혜랑 연주가 가사를 낭송할 테니 다음 시간까지 연습해 와라."

　'가사 낭송이라니….'

　이건 내 목소리가 단독으로 전국에 방송을 타게 되는 일이 아닌가. 집에서 혼자 무수히 많은 연습을 했던 나에게 가사 낭송의 기회는 그냥 단순한 체험의 의미가 아니었다. 내가 그토록 꿈꾸었던 성우에로의 첫발을 내딛는 느낌이었다. 드디어 그동안 갈고 닦았던 낭독 실력을 보여 줄 시간이 온 것이다. 가슴이 두근거리고 긴장되기 시작했다. 내가 맡은 노래는 '졸업식 노래'였다. 노랫말은 한 편의 시 같았다. 난 집에서 연습하고 또 연습했다. 정말이지 멋지게 낭독하고 싶었다. 드디어 녹음하는 날 긴장된 마음으로 스튜디오에 앉았다.

　그런데 갑자기 피디분이 나를 한 번 힐끗 쳐다보더니 "곧이어 6학년 음악이 방송됩니다"라는 문구를 녹음하러 들어온 여자 성우분에게 이렇게 말하는 것이었다.

"가사 낭송은 그냥 우리 성우님이 하시죠."

난 순간 가슴이 무너지는 느낌이 들었다. 그런데 다행히도 그 분은 빙긋 웃으며 나를 쳐다보고는 말씀하셨다.

"내가 왜 해요? 여기 학생이 하기로 한 건데."

난 눈물이 날 것만 같았다. 하마터면 그동안 준비한 내 노력이 그대로 물거품이 될 뻔했다. 천사 같은 그 예쁜 여자 성우님의 배려로 난 내 생애 첫 낭송을 하게 되었고 졸업식 노래의 가사 말은 평생 내 가슴에 특별한 의미로 남게 되었다.

빛나는 졸업장을 타신 언니께
꽃다발을 한 아름 선사합니다
물려받은 책으로 공부 잘하며
우리들은 언니 뒤를 따르렵니다.

잘 있거라 아우들아 정든 교실아
선생님 저희들은 물러갑니다
부지런히 더 배우고 얼른 자라서

새 나라의 새 일꾼이 되겠습니다

앞에서 끌어주고 뒤에서 밀며
우리나라 젊어지고 나갈 우리들
냇물이 바다에서 서로 만나듯
우리들도 이다음에 다시 만나세

　그날 나의 낭송은 EBS 라디오를 통해 전국에 방송되었다. 라디오에서 흘러나오는 나의 목소리가 마치 내 목소리가 아닌 남의 목소리처럼 들렸다. 6학년 어린아이의 가슴에 뭔지 모를 짜릿함이 느껴졌다. 내 꿈을 향해 한 발 내딛는 느낌이었다. 큐피드의 화살은 이렇게 내 삶을 움직이기 시작했다.

02
네가 성우를
한다고?

중학생이 되면서 난 요즘 말로 성우 덕후가 되었다. TV에 나오는 목소리만 듣고도 누구의 목소리인지 모두 알아맞힐 정도로 성우들의 목소리와 이름을 전부 꿰고 있었으며 어떤 외화나 애니메이션에 어떤 성우가 총 몇 가지 역할을 했는지 변성한 목소리까지 전부 알아맞혔다.

〈말괄량이 삐삐〉에서 삐삐 역할을 했던 주희 성우가 외화 〈소머즈〉에서 주인공 소머즈의 목소리이고, 미니 시리즈 〈남과 북〉에서 버질리아 역으로 나에게 깊은 인상을 주었던 이경자 성우가 최고의 인기를 누렸던 외화 〈브이〉에서 다이아나 목소리라는 사실도 바로 알아채는 아이는 동네에 없었다.

그러나 여기서 고백하건대, 내가 이렇게 열성적인 성우

덕후였고, 성우가 되고 싶다는 간절한 꿈이 있었다는 걸 누구에게도 말하지 못했다. 굉장히 내성적이었던 나는 부모님에게도 대학에 진학할 때까지 단 한 번도 성우가 되고 싶다고 말하지 못했다. '내가 감히 성우가 될 수 있을까?' 하는 생각에 용기가 나지 않았고, 성우가 꿈이라는 말을 하면 모두가 나를 비웃을 것만 같았다. 그러던 중 고등학교 3학년이 돼서 진학에 대해 부모님과 진지하게 대화하던 중 처음으로 용기 내어 말을 꺼냈다.

"사실은 제가 정말 하고 싶은 게 있어요."

이런 얘기를 처음으로 꺼내는 게 신기했던지 가족들 모두 살짝 놀란 얼굴로 날 쳐다봤다.

"뭘 하고 싶은데?"

"성우를 하고 싶어요."

모두가 눈이 동그래졌다.

"뭐? 네가 무슨 성우야? 어떻게 네가 성우를 해?"

어머니가 먼저 당치도 않다는 어조로 말씀하셨다. 그도 그럴 것이 어릴 때부터 조용하고 내성적이었던 딸이었기에 어머니가 그렇게 말씀하신 건 어찌 보면 당연했다. 무슨 말을 어떻게 해야 할지 몰라 우물쭈물하고 있던 나에게 아버지가 뜻밖의 말씀을 하셨다.

"성우? 그거 좋지. 전문직이고. 여자가 하기에 좋은 직업이야. 되기만 하면 좋지. 좋아."

생각지도 않았던 아버지의 호응에 난 천군만마를 얻은 듯 용기가 생겼다.

"성우는 꼭 성우 관련 학과를 가지 않아도 된대요. 일단 대학 들어가서 한번 도전해 볼게요."

그렇게 처음으로 성우에 관한 꿈을 조심스레 내비쳤지만, 우리 가족은 나의 말을 그냥 스쳐 지나가듯 생각했다. 내가 성우가 된다는 건 턱도 없는 일이라 생각했기 때문이었다. 그러나 내겐 쉽게 포기할 수 없는 소중한 꿈이었다.

대학에 진학하고 난 바로 학교 방송국 아나운서에 지원했다. 그때까지만 해도 성우와 아나운서가 크게 다르지 않을 거라 여기고 대학 방송국에서 활동하면 성우에로의 꿈에 한 발짝 더 다가갈 수 있으리라 생각했던 것이다. 대학 방송국 아나운서는 뉴스, DJ, 콩트, 드라마 등 다양하게 했기 때문에 모든 방송 프로그램을 두루 경험해 볼 수 있는 기회가 됐다.

대학 방송국에서 어느 정도 자신감이 생겼지만, '정말 성우가 될 자질이 나에게 있을까?' 고민은 더 깊어졌다. 성우가 된다는 건 그냥 성우를 좋아하고 방송을 하고 싶다는 열정만 있다고 되는 건 아니었다. 시험에 합격할 만한 재능과 실력을 갖춰야 했기 때문이다. 과연 나에게 그만한 재능이 있을까, 여러 생각에 고민이 되었다. 학교 방송국에서는 나름 잘한다는 얘기를 듣곤 했지만, 어느 정도 수준이 되어야 성우시험에 합격할 수 있는지 알 수 없었다. 지금이야 인터넷과 각종 SNS에 정보들이 차고 넘치지만, 그때만 해도 그런 정보를 얻기는 매우 어려웠다.

그러던 어느 날, 라디오에서 흘러나오는 한 광고가 내 귀를 사로잡았다. MBC에서 전속 성우를 뽑는다는 거였다. 난 귀가 번쩍 뜨였다. '성우 공채 시험을 한번 보는 건 어떨까?' 난 아직 대학도 졸업하지 못했고 성우 공부를 해보진 못했지만 내가 어느 정도 수준의 실력인지, 가능성이 있는지 테스트해볼 기회가 될 수 있을 것이란 생각이 들었다.

MBC에 가서 시험 접수를 하고 나니 갑자기 긴장되고 떨리기 시작했다. 성우시험을 어떻게 봐야 하는지 걱정되기 시작했다. 순간 학교 방송국 선배 중에 평소 존경하고 있던 이미자 선배가 떠올랐다. MBC 성우로 활동 중이라는 걸 알고 무턱대고 전화를 했다. 〈은하철도 999〉의 '철이' 등 인기 애니메이션에서 소년 목소리로 유명한 선배는 나보다 15년 위의 까마득한 선배였는데 알지도 못하는 후배의 전화를 친절하게 받아주며 MBC로 찾아오라고 했다.

"잘하려고 하지 말고 무조건 자신 있는 목소리로 씩씩하게 해."

성우 시험을 어떻게 봐야 할지 묻는 내게 선배가 조언해준 그 한마디를 마음에 깊이 담고 1차 시험을 치르러 갔다. 시험장에 도착한 나는 정말 깜짝 놀랐다. 약 2,000여 명 정도의 사람들이 구름같이 모여들어 야외 시험장에 대기하고 있었다.

'이렇게 많은 사람이 성우시험을 보러 오다니….'

게다가 성우 1차 시험은 야외 부스에서 치러졌는데 5개 정도의 부스에 5명씩 들어가 마이크도 없이 나눠주는 대사를 육성으로 연기하는 게 전부였다. 야외 부스여서 목소리도 잘 들리지 않았다. 한 부스당 2명의 심사위원이 있었는데, 지원자가 너무 많아서인지 연기할 때 눈길도 주지 않았다.

난 이미자 선배의 조언만 계속 되뇌었다.

'자신 있게 큰 목소리로 씩씩하게 하는 거야!'

오로지 자신 있게 최대한 목소리를 크게 연기했다. 심사위원 한 명이 고개를 들어 나를 한 번 쳐다보는 게 느껴졌다. 짧은 단문 하나 연기하는 시간은 고작 1~2분 정도밖에 되지 않았다.

'이런 게 성우 시험이구나⋯'

짧은 몇 줄 연기하고 시험장에서 나오는데 긴장이 풀려서인지 허탈했다.

며칠 후 합격자 명단이 발표됐다. 여자 지원자만 총 2,000여 명이었는데 1차 합격자는 겨우 50명이었다. 그 합격자 명단에 내 이름이 있었다. 내가 50명 합격자 안에 든 것이었다.

'그래, 됐어. 이 정도면 재능은 있는 거야.'

1차 합격은 나에게 자신감을 심어주었다. 2차 시험은 스튜디오 안에서 진행됐다. 역시 5명씩 들어가 한 명씩 마이크 앞에서 주어진 대본으로 연기하는 거였는데, 2차는 1차 시험과는 분위기가 완전 달랐다. 스튜디오에 함께 들어간 4명의 연기가 초보자의 목소리가 아니었다. 다들 성우 공부를 하고 온 사람들 같았다. 나는 그들보다 특별히 잘하지는 못했다. 그러나 다른 4명과 견주어 특별히 뒤처지는 느낌도 아니었다. 성우 공부를 해보지 못한 것 치고는 그 정도면 선전했다고 생각했다.

2차 시험에서는 불합격했지만, 그 시험으로 인해 나는 성우 시험에 합격할 수도 있겠다는 확신이 생겼다. 조금만 공부하면 2차 시험에 왔던 지원자들보다 잘할 수 있을 것 같았다. 목표 수준이 어느 정도인지 알고 나니 자신감이 생겼다.

'성우시험, 한번 도전해보자! 할 수 있을 거야!'

난 그때부터 계획을 세우고 4학년 1학기까지 모든 학점을 이수했다. 그리고 4학년 2학기에 MBC 문화원 성우과정에 입학했다. 본격적으로 꿈을 향해 나아가기 시작한 것이다.

03

모든 일엔
단계가 있다

지금은 MBC 아카데미로 명칭이 바뀌었지만 내가 다닐 때 MBC 문화원이라 이름 붙여졌던 그곳은 성우과정뿐 아니라 아나운서, PD, 엔지니어 등 방송국의 여러 직종에 관해 교육하는 아카데미였다. 그 당시만 해도 지금처럼 방송 관련 학원들이 거의 없어, MBC 문화원 출신들이 방송국에 가장 많이 취업할 정도로 알아주는 곳이었다. MBC 문화원에 입학할 때도 시험을 보고 입학해야 해서 이곳에 합격했다고 하면 일단 방송국 입사가 어느 정도는 보장됐다고 생각했다.

난 MBC 문화원에 합격했고 드디어 본격적으로 성우 공부를 시작했다. 4학년 2학기 때였다. 초등학교 2학년 때부터 혼자 책 읽으며 연습했던 나에게 문화원에서 하는 모든 연기 공부는 너무나 재미있었다. 그토록 해보고 싶었던 외화 더빙, 애니메이션 더빙도 해보고 드라마도 연기했다.

경쟁심이 생겼다. 난 우리 반 40명 중에 가장 잘하기 위해 오로지 성우 연습에만 매진했다. 그때는 대본을 구하기도 어려워 라디오 드라마를 모두 녹음해 그것을 계속 반복해 들었고, 그 내용을 손으로 일일이 써가며 나만의 대본을 만들어 연습했다. 어떤 라디오 드라마는 그 대본의 양이 거의 두꺼운 책 한 권이 만들어질 정도로 많았다.

누가 시켜서 했던 것이 아니었다. 성우가 되고 싶다는 열망은 자나 깨나 오직 연기에 관한 생각만 하게 만들었고, 이 시간이 너무나 행복했다. 매일매일 온종일 연습해도 좋았다. 즐겁고 행복하지 않으면 그렇게 미친 듯이 몰두하진 못했으리라. 이때만 해도 난 문화원을 수료한 이듬해 3월에 있었던 MBC 공채 시험에 당당히 합격할 것으로 생각했다. 문화원에서의 내 성적은 언제나 최상위권이었고, 무엇보다 자신감으로 가득했기 때문이었다.

난 대학 졸업과 동시에 MBC에 입사하겠다는 포부를 안고 자신 있게 MBC 공채 시험에 도전했다. 1차, 2차 시험을 당당히 합격하고 3차 면접만 남겨 놓자, 어머니는 마음이 초조하셨는지 MBC에 근무하고 계셨던 삼촌에게 전화를 걸어 내가 합격할 수 있는 성적인지 좀 알아봐달라고 했다. 그런데, 면접 보러 가기 바로 전날 삼촌에게 걸려온 전화는 믿을 수 없는 소식이었다. 내 점수를 알아봤는데 최종 4명 안에는 들기 어려울 것 같다는 것이었다. 청천벽력 같은 소식이었다. 눈앞이 캄캄해졌다. 2년 전 봤던 시험은 경험상 봤던 시험이었다지만, 이번 시험은 나의 모든 것을 건 시험이었기에 충격이 컸다.

떨어질 것을 알고도 갔던 면접에서 나는 애써 웃으려 했지만 그게 잘 안됐다. 형식적으로 물어보는 질문에 가까스로 대답하고 면접장을 나온 나는 울컥 나오는 눈물을 주체하지 못했다. 흐르는 눈물을 어찌하지 못해 화장실로 뛰어간 나에게 함께 3차 면접까지 같이 올라간 문화원 동기 언니가 따라 들어왔다.

"왜 그래? 면접에서 무슨 일 있었어? 말 잘못했어?"

"나 이번에 떨어질 것 같아⋯."

차마 삼촌에게서 미리 점수를 들었다고 말할 수 없었던

나는 언니가 보는 앞에서 마음껏 울 수도 없었다. 점수가 이미 다 나왔는데 어차피 떨어질 사람을 불러 면접 보는 게 너무 잔인하게 느껴졌다. 그 시험에서 최종까지 올라간 그 언니는 합격했고 난 불합격했다. 그렇게 그해 봄, 나는 백수로 대학을 졸업하게 되었고 시련이 시작되었다.

MBC 문화원에 들어간 것만으로도 MBC에 취업하는 줄 알고 계셨던 부모님은 실망이 크셨다. 성우 공채 시험은 1년 후에나 있었다. 그때까지 다시 시험을 준비하려면 교육비를 벌어야 했다. 난 뭐라도 해야 했다. 급한 대로 먼저, MBC에 최종 합격한 언니가 하고 있던 일을 내게 넘겨달라고 해 물려받았다. 지역 케이블 TV의 어린이 프로그램 MC였다. 일주일에 2번 정도만 촬영하면 되는 일이었지만, 마음속에 온통 성우가 꿈이었던 나는 여러 가지 신경 써야 할 일이 많은 촬영일이 너무 하기 싫었다.

좀 더 성우와 가까운 일을 하고 싶었던 나는 주변에 물어서 사내방송을 제작하는 회사에 무턱대고 찾아가 이력서를 냈다. 음성 샘플을 들은 사장님은 내 목소리가 마음에는 들지만 당장 사람이 필요하지 않으니 자리가 생기면 연락을 주겠다고 했다. 마냥 연락만 기다릴 수 없어 학교 방송국 선배들을 찾아다녔다. 선배들을 일일이 찾아다니며 일자리가 없는지 묻고 다니는 내가 딱했는지, 주변에 방송 인력이 필요한지 알아봐 주겠노라고 했다. 여기저기 아는 곳들은 모두 연락하고 돌아다녔지만, 자리가 생기면 연락하겠다는 말뿐이었다.

그러던 어느 날, 처음 이력서를 냈던 사내방송을 제작하는 회사에서 갑자기 연락이 왔다. 아나운서 한 명이 갑자기 일을 그만두게 되어 자리가 생겼는데 올 수 있겠냐는 것이었다. 나는 기다렸다는 듯이 케이블 TV의 MC를 그만두고 이곳에 취직했다.

알고 보니, 꽤 복잡한 과정이 있었다. 그 회사에서는 내가 제출한 이력서를 분실해 나한테 연락할 길이 없었는데, 마침 내가 부탁했던 학교 선배가 그 회사 사장님과 지인이었다. 난 선배에게 혹시 자리 생기면 연락 달라고 얘길 해놨고, 그 사장님은 학교 선배에게 구인을 부탁했는데 그 선배가 내 연락처를 알려준 것이었다.

참 신기한 일이었다. 학교 선배가 그 사장님과 지인이라니! 내가 구인도 하지 않던 회사에 막무가내로 찾아가 이력서를 내밀지 않았고, 학교 선배를 찾아가 구직을 부탁하지 않았으면 난 그 회사에 들어갈 수 없었을 것이다. "병은 널리 알려라"라는 옛말처럼 구하는 것이 있다면 널리 알리고 직접 찾아다녀야 한다는 것을 깨달았다.

그 회사에서의 생활은 매우 단조로웠다. 각자 맡은 회사의 다음 날 방송할 사내방송을 녹음하는 일이었는데, 보통 오후 5시면 배달 아르바이트생이 와서 녹음테이프를 수거해갔다. 지금은 모든 회사가 사내방송을 자체 제작하지만, 그때만 해도 사내방송을 외주 업체에 맡기는 회사가 꽤 많았다.

나는 사내에 방송되는 음악방송 진행과 사내 광고 홍보, 콩트 등을 녹음했다. 그나마 성우 일과 가장 가까운 일이었다. 월급은 많지 않았지만, 오후 5시면 모든 일이 거의 끝났고 6시면 바로 퇴근이었다. 저녁 시간에 성우 선생님을 찾아가 성우 수업을 받으러 다니기엔 매우 적당한 일자리였다. 그렇게 조용히 다음 시험을 준비하며 다시 겨울이 되었다.

다음은 KBS 공채 시험이었다. 이번엔 꼭 붙어야 했다. 지난번 MBC 시험 때보다 더 절실해졌다. KBS는 1차 시험에서 여자 2,000명의 지원자 중 단 22명만을 합격시켰다. 엄청난 경쟁률이었다. 난 1차 시험에 당당히 합격했다. 느낌이 좋았다. 회사에 사내방송을 녹음하러 가끔 오시는 성우분이 내게 살짝 귀띔해주었다.

"지혜 씨, 이번 1차 엄청나게 잘 본 모양이야. 내가 아는 PD한테 물어봤는데 등수가 완전 상위권이라던데. 2차 잘 봐서 이번에 KBS 가."

'그래, 이번이 기회다. 이번엔 무슨 일이 있어도 붙어야 한다'는 생각이 가득했다. KBS 2차 시험은 넓은 라디오 드라마 스튜디오에 한 명씩 들어가 연기하는 것이었다. 그런데 KBS 스튜디오가 너무 커서인지, 혼자 들어가서 연기하는 건 처음이어서인지, 난 대기실에서부터 입이 바짝바짝 타들어 갔다. 물을 아무리 마셔도 입안은 건조했다. 숨이 잘 쉬어지지 않았다.

이번에 떨어지면 절대 안 된다는 생각이 오히려 나를 너무 과하게 긴장하게 만들었다. 연기하는 입안이 너무 말라

발음이 잘되지 않았다. 대본을 들고 있는 두 손이 너무 떨려 종이가 심하게 흔들렸다. 글씨가 잘 보이지 않았다. 컨트롤이 되지 않았다. '망했다'라는 생각이 들었다. 그리고 결국 2차 시험에서 떨어졌다.

KBS 시험에서 불합격한 나는 실의에 가득 찼지만 뒤이어 있었던 투니버스 공채 시험에 다시 도전했다. 그때가 막 케이블방송들이 개국하던 초창기였는데, 원래 공중파 방송 3사에서만 뽑던 성우 공채 시험을 케이블방송국에서도 뽑기 시작했다. 지금은 애니메이션을 24시간 방송하는 케이블방송의 인기가 매우 높지만, 그때만 해도 공중파 위주로 돌아가던 때라 케이블방송국의 전속 성우가 되는 건 차선책이었다. '난 어디라도 들어가야 한다'라는 절박한 심정으로 투니버스 시험을 치렀다. 그러나 역시 절박한 만큼 또 긴장한 나는 KBS 시험 때처럼 실력을 발휘하지 못했고 최종 면접에서 또 불합격하고 말았다.

그사이 함께 공부했던 친구들은 하나둘 시험에 합격하여 성우가 되고 있었지만, 정작 누구보다 잘할 수 있다는 자신감이 있었던 나는 최종 면접에서 계속 떨어지면서 점점 위축되어 가고 있었다. 이러다 성우가 되지 못하는 건 아닌지 불안해지기 시작했다.

지금은 입사 지원 자격에 나이 제한이 없어졌지만, 그때는 여자 나이 27세, 남자 나이 30세까지만 지원 자격이 주어졌기 때문에 일반적으로 대학 4년 졸업 후 3~4년 정도 안에 취업하지 않으면 공채 시험 자체를 아예 포기해야 했다. 함께 공부했던 언니 중에 나이 커트라인에 걸려 성우시험을 볼 수 없는 언니들도 생겨나기 시작했다.

그렇게 힘든 6개월을 견디는 중에 또 MBC 공채 시험이 떴다. 두 번째 MBC 시험이다. 지난번 시험의 쓴 상처를 뒤로하고 1차 시험을 치렀는데 의욕과 자신감이 많이 상실된 나는 아예 1차 시험에서조차 불합격하고 말았다. 1차 시험에서 떨어진 건 처음이었다. 성우시험 준비를 하면서 최대의 시련기였다.

04 김지혜 씨,
KBS 전속 성우 최종 합격입니다

성우시험에 합격하는 게 생각보다 어렵다는 걸 깨닫게 되었다. 마음이 점점 불안하고 위축되었다. 어쩌면 끝까지 성우가 되지 못할 수도 있다는 생각에 우울한 하루하루를 보내던 어느 날 케이블방송으로 개국한 대교방송에서 전속 성우를 모집한다는 소식이 들렸다.

대교방송은 어린이 TV였는데 드라마나 외화 연기를 하고 싶었던 나는 어린이 프로그램 성우는 별로 관심이 가지 않았다. 그러나 다시 KBS 시험을 보려면 1년을 더 기다려야 하는 상황이고 1년을 기다린다 한들 KBS에 붙는다는 보장도 없었던 터라 고민하던 나는 대교 시험을 치르게 되었다.

그동안 시험에 계속 떨어지면서 의욕이 상실된 것도 있

고, 어린이 방송은 내가 바라던 채널은 아니었기 때문인지 평소와는 다르게 긴장이 되지 않았다. 이런 경험은 공채 시험 중 처음이었던 것 같다. 별 기대를 하지 않고 치른 대교방송 공채 시험에서 난 최종 합격이라는 통보를 받게 되었다. 믿어지지 않았다. 그토록 갈망하던 시험에서는 모두 불합격하더니 별 기대 없이 편하게 본 시험에서는 합격이라니. 역시 욕심을 버리고 시험에 임했어야 했다.

난 뜻하지 않게 어린이 방송의 성우가 되었다. 드라마나 외화 연기는 할 수 없었지만 꿈에 그리던 성우가 드디어 된 것이다. 마음 한구석에 공중파에 대한 미련도 있었지만, 성우 협회에 이름을 올릴 수 있는 성우가 된 것이 기뻤다.

그러나 대교방송 3기로 입사한 성우 생활은 순탄치 않았다. 처음 겪어보는 성우실의 규율과 엄격한 분위기로 힘들기도 했지만, 역시 어린이 위주로 국한된 프로그램만 해야 하는 답답함이 점점 커졌다. 좀 더 폭넓게 연기하며 성장하고 싶었던 나는 더 큰 곳에서 다양한 방송을 하고 싶었다.

시간이 갈수록 KBS에 다시 도전해야겠다는 생각이 강하게 마음속에 자리 잡았다. 이번엔 무슨 일이 있어도 합격하고 싶었다. 그러나 어떻게 해야 KBS 심사위원들의 마음을 사로잡을 수 있을지 알 수가 없었다. 나는 망설이다 대교방송 동기에게 고민을 털어놨다.

"실은…. 나 KBS로 가고 싶어. 근데 어떻게 하면 공채 시험에 붙을 수 있을까?"

"KBS 문화센터 성우 강좌를 들어보면 어때? 거기 KBS 국장님도 수업에 들어오신다는데 다들 그분한테 배우려고 많이들 수강하던데, 그분이 심사위원이니까 그래도 도움이 가장 많이 될 거야."

동기는 KBS 문화센터를 추천했다. 그렇지만 이미 난 성우였기에 문화센터에 등록하기는 좀 망설여졌다. 성우가 성우 과정에 공부하러 다니는 경우는 들어본 적이 없었다. 혹시라도 내가 성우라는 걸 사람들이 알면 이상하게 생각하지 않을까 걱정도 되었다. 하지만 시험에 합격할 수만 있다면 무슨일이라도 해야 했다. 나는 동기의 조언을 받아들여 아무도 몰래 KBS 문화센터 성우과정에 등록했다. 성우가 문화센터에 등록한 건 아마 전무후무한 일일 것이다. 난 내가 케이블 방송 성우인 걸 아무에게도 말하지 않고 문화센터에 다녔다.

마침 수업에 들어가자마자 첫 달 수업이 KBS 국장님의 강의였다. 그 강의는 KBS 심사위원님의 취향을 짐작할 수 있는 소중한 시간이었다. KBS 시험에서 좋은 점수를 받기 위해서는 어떤 부분에 중점을 둬야 하는지도 파악했고, 국장님 앞에서 멋지게 내레이션을 해 칭찬도 받았다. 그렇게 몰래 차근차근 시험 준비를 한 나는 두 달 후 KBS 공채 시험에 도전했다.

그땐 공중파에서 성우시험을 보면 나 같은 케이블방송국의 많은 성우가 지원서를 냈다. 그해 KBS 시험엔 유독 많은 케이블 성우들이 1차 시험에 합격해 꽤 많은 대교, 투니버스 성우들이 2차 시험을 치르게 되었다. 그런데, 2차 시험을 치르러 대기하고 있던 우리에게 KBS 선배 한 분이 걱정스러운 얼굴로 다가왔다.

"야, 이번에 케이블 성우들 아무도 안 뽑는데. 어떻게 하냐? 성우 수첩 보고 누가 케이블 성우인지 다 조사했다던데?"

심장이 쿵 내려앉았다. 케이블 성우는 안 뽑는다고? 그럼 이번에도 또 안 되는 건가? 대기하는 내내 난 절망감에 휩싸였다. 그리고 어느덧 내 차례가 되었다. KBS 2차 시험은 큰 드라마 스튜디오에 혼자 들어가 긴 단문 연기 3~4개를 해야 한다. 우연히도 내 바로 앞 번호가 대교방송 1기 선배였는데 시험을 치르고 나오는 선배의 얼굴이 어두웠다.

"나한테 아무 질문도 없었어. 그냥 1번부터 쭉 연기만 했어. 내가 대교 성우인지 아는 것 같아."

그 선배의 절망적인 말을 뒤로하고 난 스튜디오로 들어갔다. '그래, 어차피 이렇게 된 거 마음 비우고 그냥 후회나 없이 연기하고 나오자!' 하는 마음이 들었다. 그렇게 생각하니 긴장할 것도 없었다. 거의 자포자기의 심정으로 마이크 앞에 섰다.

스튜디오 밖엔 10명도 훨씬 넘어 보이는 많은 심사위원이 나를 쳐다보고 있었는데 KBS 문화센터에서 나에게 내레이션을 잘한다고 칭찬해 주셨던 익숙한 얼굴의 국장님이 맨 앞자리에 앉아계셨다. 아는 얼굴이 보이자 뭔가 마음이 편안해졌다. '그래, 저분이 수업 시간에 내 실력을 인정해주셨지.' 믿는 구석이 생기자 자신감이 생겼다.

미리 연습해둔 KBS 심사위원들이 선호하는 연기 스타일로 첫 번째 단문을 연기했는데 스튜디오 밖에 10명도 넘어 보이는 많은 심사위원의 분위기가 나쁘지 않았다. 국장님이 빙긋이 웃으며 나에게 두 번째 단문을 시키시더니 이것저것 질문도 하시는 것이었다. 뭔가 내 앞의 선배와는 분위기가 다르게 느껴졌다. 희망이 보였다. 난 시키는 질문에 자신 있는 어조로 대답하고 세 번째 연기에 최선을 다했다. 느낌이 나쁘지 않았다.

결과는 합격이었다.

"김지혜 씨, KBS 전속 성우 최종 합격입니다. 신분증 가지고 KBS로 오세요!!"

드디어 난 절대 넘을 수 없을 것 같이 높아 보이던 벽을 넘었다. 그리고 초등학교 2학년 때부터 꿈꾸어오던 공중파 방송의 성우가 되었다. 절실하게 구하면 꿈은 이루어진다. 니체도 말하지 않았던가.

"오랜 시간 동안 꿈을 꾸는 사람은 결국 그 꿈과 닮아가게 되리라."

IMF 구제금융 위기로 온 나라가 허리띠를 졸라매던

1999년 1월 첫 주 어느 날, 그날은 겨울 날씨치고는 바람이 매섭게 불지 않았다. 오히려 내 얼굴을 스치고 지나가는 바람이 벌써 봄기운이라도 느껴지듯 시원하고 훈훈한 느낌마저 들었다. 아니, 진짜 바람결이 그랬는지, 아니면 나만의 느낌이었는지는 잘 모르겠다. 꿈에 그리던 KBS 성우시험 합격 통보를 받고 일주일 동안의 연수가 끝나던 그날, 우리 동기 10명은 신입 성우들의 사내 인터뷰를 하고 사진을 찍기 위해 기자를 따라 KBS 옥상으로 올라갔다.

'KBS 옥상이라니! KBS 문턱 한 번 넘어 보는 게 소원이었는데 문턱을 넘어 옥상에 올라오다니!'

난 믿어지지 않았다. KBS 본관은 높은 건물이 아니다. 기껏해야 5층짜리 건물이다. 그러나 KBS 5층 위 옥상에서 내려다본 여의도 공원은 마치 모두 내 손 안에 들어와 있는 듯이 작게만 보였고 KBS 앞마당에 주차되어 있는 빼곡한 차들이 장난감 자동차처럼 느껴졌다. 옥상에 올라가자마자 누가 먼저랄 것도 없이 우리는 소리를 질렀다.

"우리가 KBS 옥상에 올라오다니! 믿어지지 않아!"

KBS 옥상에 올라왔다는 건 내가 진짜 해냈다는 뜻이다.

이 순간을 꿈꾸며 달려왔던 지난날들의 눈물과 노력이 주마 등처럼 스쳐 지나가며 서러움과 기쁨과 감동의 감정이 한 데 뒤섞여 밀려들었다. 내 동기 한 명이 나와 비슷한 느낌이 들 었는지 눈에 눈물이 가득 고인 채 말했다.

"지혜야, 우리 진짜 KBS 성우 된 거 맞지? 난 여태 실감 이 안 났는데 여기 오니까 진짜 현실인 것 같아. 우리 정말 꿈을 이룬 거야!!"

우린 부둥켜안고 엉엉 소리 내어 울고 말았다. 마치 아주 길고 긴 터널을 지나 이제야 밝은 세상으로 나온 것 같았다. 이제 20대 중반을 넘긴 젊은 우리는 KBS 옥상에서 여의도 를 내려다보며 세상을 다 얻은 것처럼 소리 질렀다. 그때 갑 자기 훈훈한 바람을 타고 하얀 눈발이 흩날리기 시작했다.

"어? 눈이다! 우리 기수 정말 잘 될 거 같지 않아? 하늘 도 우리를 축복해 주잖아!"

어느새 펑펑 쏟아지기 시작하는 눈을 하염없이 맞으며 우리는 그렇게 KBS 옥상에 꽤 오래 서 있었다. 내 생애 가 장 잊을 수 없는 행복한 순간이었다.

매일 행복한 일이 있다는 것을 발견하며
내가 진짜 원하는 일상을 만들어간다면
길은 절로 만들어진다.
그 일상 자체가 행복일 테니 말이다.

행복하기 위해
필요한 건 없어

작가

김효진

"실장님", "강사님", "교수님", "코치님"

본인을 부르며 찾아주는 사람들의 호칭은 다양하지만, 어떤 사람이든 똑같은 모습으로 대하며 미소와 행복 에너지를 전파하는 그녀.
더 많은 사람들에게 행복을 주고 싶다는 일념 하나로, 수많은 세미나를 참석하고 대학원에 진학하며 더 많이 배우고 경험하려 노력했다. 하지만 무엇을 주느냐가 중요한 것이 아니라 무엇을 받느냐가 중요하다고 이야기하는 삭막한 현실 안에서, 수없이 좌절하기도 실망하기도 했었다. 그래도 포기할 수 없었던 것은 자신을 필요로 하는 많은 사람이 도리어 힘을 주었기 때문이었다. 그렇게 만들어진 '파인필 코칭연구소'는 다음과 같은 의미를 지니고 있다.

【파(물결波) 인(사람人) 필(반드시必)】
"사람에게는 물결과 같은 파동이 필요하다."

그녀는, 물결과 같은 파동으로 변화의 에너지를 전달하며, 스스로의 가능성을 통한 자기성장을 지원하고, 변화를 위한 용기와 힘이 필요한 이들과 함께 하는 것이 소명이라고 말한다.
연구소를 통해, 매일 똑같이 반복되는 일상과 관계에 지치고 상처받거나 변화의 실마리를 찾기 위해 찾아오는 사람들을 만나는 바쁜 일정 속에서도, 치과 실장으로서 갖는 실무도 빈틈없이 처리하고 있다. 치위생과 학생들부터 현직 치과위생사뿐만 아니라 실무에서 함께하는 모든 치과인들이 자신을 찾아줄 때 진정한 행복과 보람을 느낀다는 그녀는 오늘도 따뜻한 강의와 코칭을 통해 '사람'과 '물결'치고 있다.

파인필 자기성장지원 코칭연구소의 대표, 치과위생사 20년 차, 뉴욕연세치과 총괄실장을 역임, 덴키컴퍼니 대표강사와 치위생과 겸임교수로 활동하고 있다.

E-MAIL finefeel3361@naver.com
BLOG blog.naver.com/finefeel3361
HOMEPAGE https://finefeelmind.modoo.at

01

왜 나만
이렇게 우울한 걸까?

'우울하다'라는 말이 참 흔한 시대다.

나도 예외는 아니었다. 나는 마흔 살 꼰대 치과 실장이다. 남부럽지 않게 살아왔다고 하지만, 내가 아는 나는 그렇지 않다. 주변 사람들은 종종 내게 이렇게 말한다.

"진짜 열심히 사시는 것 같아요. 대단하세요. 일도 하고 공부도 하고 강의까지 하고 어떻게 그렇게 열정적으로 많은 일을 하시는지 진짜 부러워요."

하지만 속내는 '그렇지만 그렇게 살고 싶지는 않아요!'이지 않을까.

내가 과연 책을 써도 되는 걸까. 과연 내게 자격이 있는

지 고민하고 또 고민했다. 책을 쓰기로 마음먹고 행동하는 그 설레는 순간에도 망설이며 머뭇거렸다. 내 이야기를 풀어 놔도 되는 걸까. 글로 꼰대 짓을 하게 되는 것은 아닐까. 하지만 결국 나는 내 이야기를 풀어내기로 마음먹었다.

주변에 나를 롤모델이라 부르는 사람들이 하나둘 나타나기 시작했는데, 그런 사람들에게 허울 좋은 모습만 보이면서 말로만 힘내라고 말하고 싶지 않았다. 각자 삶의 무게로 힘들어하는 모습을 보며 "나도 경험해 봤는데, 그렇게 힘든 거더라. 다 그런 거야. 지나면 괜찮아져. 나도 그랬어"라고 입에 발린 소리를 하고 싶지 않다.

사실 이 이야기는 나에게 하는 이야기와 다름없다. 나도 모르게 내 모습을 포장하며 보여주는 데 급급하지는 않은지, 주변인은 나를 돌아보게 하는 거울 같다. 그래서 독자를 포함해 주변 사람들과 인연을 맺은 이유가 반드시 있다고 믿는다.

나는 사회적인 관계를 중요하게 생각하고, 인정받고 싶은 욕구가 큰 사람이다. 직업도 업보라 생각하며 내 삶의 대부분을 일로 채우며 살아간다. 성취하고 인정받으며 나 스스로 자존감을 세워나가는 사람이다. 사회적인 관계와 성취가 중요한 나는 개인적인 나의 모습과 사회적인 모습이 매우 깊게 연결되어 있다. 이런 내가 해주고 싶은 이야기는 단 두 가지다.

"잘하고 있어."

"네 탓이 아니야."

우리는 어쩌면 사회적인 관계와 개인적인 관계의 모습이 구분되지 않아 일에 대한 피드백이 내 존재, 혹은 내 인격에 대한 평가로 이어지는 것은 아닐까. 이는 잘못된 모습이라기보다 흔히 말하는 성향이라고 할 수 있겠다. 관계를 맺고 의미를 부여하는 방법이 다를 뿐이다. 그러니 당신이 우울한 것은 당신 탓이 아니다. 그리고 분명 당신은 어떤 모습으로든 잘하고 있다.

그러나 쉽지 않다. 충분히 잘하고 있고 내 탓이 아닌 것을 이미 알고 있다. 하지만, 그것을 인정하고 온전히 내 모습 그대로를 받아들이고 나 자신을 믿는 것은 앞으로도 어려울 것이 분명하다. 어쩌면 평생의 숙제처럼 이루어지지 못할 수도 있다. 하지만 그렇게 어렵다는 것을 알고 있는 것만으로도 작년의 당신과 지금의 당신은 분명히 다를 것이다.

세상에 쉬운 일이 있을까. 힘든 일은 반복되고, 그때마다 실패자가 된 느낌을 받을 수도 있다. 하지만 분명한 건 작은 일이든 큰일이든 힘든 일을 이미 겪어보았고, 실패를 느껴본 당신이다. 그것이 일정한 패턴처럼 반복된다고 하더라도 그 패턴이 훈련임을 아는 순간 힘든 일이면서 힘들지 않은 일이 되는 마법이 일어난다. 이미 당신은 경험 속에서 답을 알고 있다.

잘하고 있고, 내 탓이 아님을 알게 되더라도 하지 않은 숙제처럼 찝찝하고 헛헛한 느낌이 드는 것, 나 혼자만의 이익을 위해서가 아니라 아끼는 사람들과 함께 이루어 내고 싶지만 좌절되는 계획들, 그 혼란스러운 상황에서부터 시작되는 감정, 그것이 우울과 외로움으로 설명되는 가장 대표적인 것이 아닐까.

우울이라는 단어의 사전적인 의미는 "근심스럽거나 답답하여 활기가 없음"이다. 내가 바라는 이상과 실제의 모습 사이에서 느껴지는 틈새의 감정이 점점 벌어질 때 나타난다.

그것이 바로 답답하고 활기가 없는 우울이라고 표현하는 우리네 감정이겠다. 늘 활기가 넘치는 당신이었지만, 지금 마주하고 있는 이 순간 답답하고 활기를 잃은 모습이라면 잠시 당신에게 우울이라는 틈새가 생긴 것이다.

조직에 속해있으면 누구나 신입사원에서부터 업무의 확장을 목표로 인정받아가는 과정을 겪는다. 그리고 성취감을 차곡차곡 쌓아가며, 중간관리자가 되는 과정을 경험하게 된다. 혼자만의 생각대로 업무를 만들어 추진한다면 더없이 편안하게 본인이 원하는 바를 성취할 것이 분명하다. 하지만 조직에 속해있는 이상 그런 일이 절대로 일어나지 않으리라는 것을 당신과 나는 모두 알고 있다.

늘 비교 대상이 존재하고, 업무의 성과를 가로채는 선임을 견뎌야 하며, 개념(지극히 주관적인 표현이지만) 없이 어떠한 업무도 거뜬히⁽⁇⁾ 도전하는 후임들의 수습을 도맡아가며, 이끄는 것도 아니고 이끌려 가는 것도 아닌 그 중간 어디쯤에서 이끌어야 한다는 책임감과 이끌려 가야 한다는 사명감에 쩔어 있는 외로운 모습, 이미 이렇게 되어있거나 곧 그렇게 될 중간관리자인 사람들의 모습이 아닐까, 감히 생각해본다.

조직이라는 곳에 소속되어 경제적 안정과 심리적인 안정감까지 충분히 보장된다면, 조직원들과 활기차고 창의적인 모습으로 조직의 발전과 조직원 자신의 발전을 함께 도모할 수 있다. 우리가 그렇게 리더십과 조직 활성 방안에 대한 이슈들을 중요하게 생각하는 것이 바로 이 때문일 것이다.

이런 조직 안에서 답답하고 활기가 없는 모습으로 외로운 마음이 든다면, 자신에게 질문해보기 바란다. 내가 조금 더 노력하면 잘 될 거라는 생각이 드는가? 혹시 당신은 자신이 할 수 있는 방법으로 최선을 다하고 있는가? 최선을 다하고 있지 않다면 당신이 할 수 있는 방법을 총동원해 본인의 기준에서의 최선을 실행해보길 바란다.

그 후에도 나아지지 않는다면 반드시 알아채야 한다. 당신 탓이 아니다. 늘 하얗게 불태우고 집으로 돌아오는 길이 헛헛하고 우울하다면, 개인의 공간과 시간으로 돌아왔는데 이유를 알 수 없는 외로움이 밀려온다면, 당신은 이제 그 우울과 외로움을 바라봐주어야 할 시간이 온 것이다.

왜 나에게 답답하고 활기 없는 모습과 외로움이 찾아왔

을까. 나에게 찾아오는 감정과 생각은 나에게 도움이 되기 위해 보내주는 신호와 같다. 누구는 무의식의 신호라고 이야기하기도 하고, 누구는 미래의 내가 보내주는 시그널이라고도 한다. 어떻게 설명하든 중요하지 않다. 분명한 것은 나는 나에 대해 가장 잘 아는 사람이고, 스스로 해결하지 못할 일은 없다는 것이다. 이미 성공의 경험도 실패 후 다시 일어난 경험도 모두 나에게 있다. 지금의 내가 그때의 나를 선명하게 떠올리지 못하는 것뿐이다.

스스로 역경을 이겨내는 것이 완벽한 모습이라고 생각하는 사람이 있을 것이다. 그러면 이 우울함과 외로움을 이겨내려 본인의 시선을 다른 곳으로 돌리거나 충전, 또는 힐링이라는 명분 아래 또 다른 새로운 일을 찾았을 수도 있다. 운동은 건강한 에너지를 만들어내기에 너무도 좋은 일이다. 하지만 우울과 외로움을 피해 찾아간 것이라면 과연 좋기만 한 걸까. 중요한 건 원인을 찾는 것이다.

어디에서부터 시작된 답답함인지, 무엇 때문에 일어나는 외로움인지를 한번 들여다보길 권해본다.

나는 마음이 답답하거나 혼란스러운 감정이 스멀스멀 올라올 때 스케치북에 정리하는 버릇이 있다. 일명 '걱정 스케치북'이다. 내 머릿속을 가득 채우고 있는 많은 생각과 감정을 생각나는 대로 가감 없이 스케치북에 모두 적어 놓고 눈으로 확인한다.

그리고 그 단어들을 분류해보며 내가 해결할 수 있는 것인지 그렇지 않은지를 구분한다. 브레인스토밍과 마인드맵을 이용하는 것과 같은 방법이다. 스스로 혼자 온전히 해결할 수 있는 것이 있는지 생각해보고, 해결할 방법이 떠오르면 그 방법까지 노트에 적어 액션플랜을 만들어서 실행해본다. 그리고 혼자 해결할 수 없는 일이라면, 내 탓이 아니기에 온전히 그 우울과 외로움을 다독여주기 시작한다. 싸워서 이기려고 노력하지 않아도 된다.

만원 버스에서 중심을 잡고 안정적인 자리를 찾아 움직이는 것처럼, 스스로 중심을 잡고 자기 위치에 견고히 서보자. 옆에서 밀면 두 다리에 힘을 빡 주며 버티고, 뒤에서 기대면 등 한번 튕겨주고, 그 답답함이 극에 달해 토가 나올 지경이라면, 당신 앞에 있는 하차 버저를 누르고 유유히 그 버스에서 내리면 된다. 그리고 다른 버스를 골라 타면 된다.

만원 버스의 사람들과 다 싸우면서 이기려 하지 않는 것처럼, 우울과 외로움에 휩쓸리지 말아야 한다. 다만, 내 자리를 지키고 서 있다 보면, 어느새 앞 좌석의 사람이 내리는 기회에 편안한 의자에 앉게 된다. 이처럼 당신의 의지대로 언제든 올 수 있는 기회를 찾는 것에 집중하라. 버스를 내릴 결정을 하기 전까지 말이다.

버스에서 내리기 전까지 당신이 잡아야 할 중심은 관계의 구분과 기준이다. 사회적인 관계와 개인적인 관계의 모습을 구분하여 일에 대한 피드백이 내 존재, 혹은 내 인격에 대한 평가로 이어지지 않게 하는 것! 그리고 당신의 기준을 명확히 하는 것이다. 늘 활기가 넘치는 당신을 잡아줄 기준! 그 기준이 만들어진 후에는 결정할 수 있다. 내릴 것인가 버틸 것인가.

우울이 나를 파고드는 것이 분명한데도 내리기를 망설이는 가장 큰 이유는 내려서 괜찮은가에 대한 것이다. '상황이 더 안 좋아지면 어쩌지. 여기를 피해 다른 곳에 가봤자 어차피 똑같은 거 아니야' 이런 두려운 생각이 엄습해 온다면 아직 만원 버스에서 중심을 잡고 안정적인 자리를 찾지 못한 것이다. 당신의 중심이 명확해진다면 당신의 주변은 질서를 찾기 시작한다.

충분한 역량을, 기준을 가지고 있다면 그 기준을 따라 움직이는 것은 아주 자연스러운 것이다. 다만 여기서 꼰대의 노파심에 한마디 덧붙이자면 기준은 잣대가 아니라는 것! 당신의 기준은 잣대가 아니다. 외부환경을 평가하고 더 연봉이 높은 곳으로, 더 일하기 편한 곳으로의 변화를 이야기하는 것이 아니다.

당신을 활기 넘치게 살아가게 하는 당신만의 기준을 이야기하는 것이다.

02 외로움을 이기려 애쓰지 마라

앞서 우리는 우울과 외로움의 모습을 분류해봤다. 그리고 외로움을 바라봐주고 인정해주었다. 자, 이제는 어떤가? 외롭지 않게 되었는가? 뭔가 이상하다. 바라봐주고 인정해주었다고 해도 그 외로움은 쉽게 사라지지 않는다. 혹여, 외로움이 완전히 사라진 당신이라면 진심으로 축하한다. 이제 당신은 활기찬 모습으로 당신이 원하는 바에 온전히 집중하면 된다.

그러나 내 경우 달랐다. 우울과 외로움의 느낌도 인정하고 나 자신을 분명히 믿고 있음에도 도통 외로움이 사라지지 않는 것이다. 외로움을 이겨내려 매일 저녁 약속을 잡고, 주말마다 세미나에 다니고, 독서 모임에 참여하고, 새로운 운동을 배우며 큰 노력을 기울였다. 하지만 늘 혼자 있는 시간이 되면 어김없이 외로움이 찾아왔다.

'왜일까? 떨쳐버리고 싶은 이 외로움은 왜 계속 남아있을까?'

혼자 있는 시간의 외로움을 이겨내기 위해 스스로 만들었던 방법인데 외로움을 해결하는 데 별 성과가 없었다. 좋은 사람을 많이 만났다. 세미나를 통해 일의 효율도 늘어나고 성과도 더 많아졌다. 겉에서 볼 때 내 삶이 풍성해지는 것은 맞는데 이상하게 내 마음 깊은 곳에 자리한 외로움은 사라지지 않았다.

그렇다면 이 외로움을 해결하고 이겨내기 위해 계속 노력해야 하는 걸까? 이런 방법들이 정말 내가 원하는 것이 맞는 걸까? 의미 있는 방법들인 걸까? 많은 의문이 들었고 여러 시행착오를 통해 나는 한 가지 방법에 집중하게 됐다.

당신에게 묻고 싶다. 외로움을 이겨내려 집중하는 당신이 하는 생각이 자기 삶에 도움이 되는가? 나는 스스로 계속 물어보았다. 친구와의 만남을 통해 과연 내 에너지가 살아나는지, 아니면 의미 없는 만남을 반복하며 시간을 낭비하는 것은 아닌지. 세미나도 그랬다. 내가 배우려고 하는 것이 나에게 도움 되는 것이 맞는지, 아니면 흔히 말하는 보기 좋은 돈 지랄은 아닌지. 운동도 마찬가지였다. 건강한 에너지를 만들고 있는지, 구색을 갖추기 위해 운동하는 것은 아닌지.

성격심리학에 개인이 합리적으로 생각하고 있는지를 평가하는 인지타당성 평가(A-FROG)가 있다. 자신의 사고에 대한 5가지의 질문에 모두 '예'라고 답하지 못한다면 당신의 사고는 왜곡된 것일 수 있다.

A(Alive)

: 나의 사고는 나를 생기 있게 하는가?

F(Feel)

: 나의 이런 사고의 결과로 기분이 더 나아졌는가?

R(Reality)

: 나의 사고는 현실적인가?

O(Others)

: 나의 사고는 다른 사람과의 관계에 도움이 되는가?

G(Goals)

: 나의 사고는 나의 목표를 성취하는 데 도움이 되는가?

외로움을 이야기하면서 왜곡된 사고에 관해 말하는 이유가 있다. 혹시 눈치챈 독자가 있는지 모르겠다. 단언컨대 나는 당신의 외로움을 헤아리지도 이해하지도 못할 것이다. 당신의 외로움이 타인의 부재에 의한 외로움인지, 존재 자체의 외로움인지, 전혀 다른 외로움인지 당신을 제외한 누구든 알 수 없다. 다만 우리에겐 공통점이 있다. 누구에게나 외로움이 있다는 사실 말이다.

그러면, 그 외로움을 그저 부인하고 꼭꼭 숨겨 둘 것인가, 아니면 온전히 받아들여 외로움을 만끽하며 지지리 궁상으로 모든 혼자만의 시간을 센티(sentimental)하게 보낼 것인가.

나는 위 이론에 빗대어 묻고 싶다. 외로움에 관한 내 생각이 나를 생기 있게 하는가? 기분을 좋게 하는가? 현실적인가? 다른 사람과의 관계에 도움이 되는가? 내 목표성취에 도움이 되는가? 아무것도 아니라면 그 외로움의 순간은 한쪽에 그대로 두고 그 시간을 활용해보자!

그간 외로움에 관해 많이 생각해왔지만 결국 나에게 도움이 되는가에 집중하다 보니 일상이 바뀌었다. 그 결과 여러 가지 타이틀을 얻었다. 치과 실장을 하며 치과인을 대상으로 치과 실무에 관해 강의한다. 치과위생사이며 치위생과 학생들을 가르치는 겸임교수이고, 치과 컨설팅을 하는 컨설턴트다. 한편, 광운대학교 코칭심리학 석사과정을 밟고 있으며 커리어코칭, 라이프코칭을 하는 KAC인증 코치다. 한국타로상담협회 인증 타로상담사이자 타로상담교육사이기도 하다. 그 외에 많은 SMAT서비스경영관리사, DISC강사, 평생교육사, 한국서비스진흥협회 CS강사, 병원사무관리사 등의 자격을 취득했다.

처음엔 외로움에서 벗어나고 싶은 마음과 이겨내고 싶은 마음으로 시작된 여러 방법 중 하나였지만, 이겨내고자 하는 마음을 버리고 그저 그냥 외로운 마음을 한쪽에 두고 내가 정말 하고 싶은 것에 집중하며 그 시간을 활용하기 시작했다.

시작은 취미였을 뿐이다. 처음엔 '뭐라도 배우면 도움이 되겠지'라고 생각했다. 배울 때 기분이 좋으니 뭐라도 배워보고픈 마음이었다. 배우는 게 취미가 됐고, 잘 배우다 보니 가르치는 방향으로 쉽게 전환되었다. 여기에도 재미를 느끼면서 강의할 기회가 찾아왔고, 나는 강사가 되었다. 게다가 타로 상담까지 하게 됐다. 시간이 갈수록 나이 차이가 크게 나는 후배들과 소통하기 위해 취미로 시작한 타로였는데, 꾸준히 하다 보니 타로가 소통의 매개가 되었고, 마지막 과정까지 모두 이수하고 나니, 타로 상담사가 되었다.

강의와 타로를 통해 내 안에 있는 밝은 에너지를 다른 이들에게 전달하다 보니 그 보상으로 직업이 늘어나게 됐고, 물질적 풍요로움도 더해졌다. 그렇게 시간이 흐르다 보니 쓰임이 있는 곳에서 존재감 있는 모습으로 살고 싶다는 마음에 에너지를 집중하게 되었고, 그렇게 또 시간이 흘러 지금, 이 순간 당신들과 책으로 마주하는 인연이 만들어지게 되었다.

앞으로도 나는 계속 혼자 있는 외로움의 시간을 활용할 것이다. 온전히 나를 만나는 시간으로 만들고 내가 정말 원하는 것이 무엇인지 물어보는 시간으로 활용할 것이다. 나는 내 인생의 중요한 결정을 하는 시점에 어김없이 대입되는 인생 명언이 있다.

"생각하는 대로 살지 않으면 사는 대로 생각하게 된다"

이처럼 늘 무엇을 할 수 있을 것인가를 생각하고, 무엇이

하고 싶은지를 생각하며 성취하고 성과를 이루는 것을 즐긴다. 하지만 이 외로움을 활용하는 시간만큼은 성과에 중심을 두지 않았음에도, 내 인생의 방향과 합쳐지는 계기가 만들어지는 성과를 얻게 되었다.

당신의 마음이 풍요로워지기를 바라는 진심을 담아 권하고 싶다. 외로움을 이기려 집중하는 에너지의 방향을 바꾸어 스스로 도움이 되는 것에 집중해보라고. 외로움을 이기려 해왔던 방법과 나에게 도움이 되는 방법이 똑같을 수도 있고 다를 수도 있다. 하지만 어디에 에너지를 집중하느냐에 따라 그 방향은 전혀 달라질 수밖에 없다. "물이 반밖에 없다"와 "물이 반이나 있다"의 차이와 같다! 밑져도 본전보다 낫지 않은가.

똑같이 친구를 만나도 외로워서가 아니라 정말 즐거워서라면, 운동을 해도 의무적인 것이 아니라 정말 건강을 위해서라면, 활용하라! 외로움의 시간을!!

03

당신이 진짜 원하는 게
뭐예요?

"당신이 진짜 원하는 게 뭐예요?"

우울함과 외로움으로부터 시작된 나를 이해하는 시간을 지나고 나니, 어느 순간 질문하는 사람이 되었다. 나에게 하던 질문이 다른 이들에게도 가장 많이 하는 질문이 된 셈이다. 주변인을 통해 나를 본다는 것을 깨닫게 되는 순간이 먼저였는지, 주변인이 나를 찾아오는 그 순간을 통해 먼저 깨닫게 되었는지, 그 순서는 잘 기억나지 않는다. 하지만 나와 인연이 되는 사람들이 하나둘씩 내게 질문하기 시작했다.

"상담할 때 이렇게 하는 게 맞는 걸까요? 왜 직원들은 뭘 하자고 하면 다 싫다고 할까요? 저는 왜 이렇게 힘든 걸까요? 원장님은 왜 저를 인정해주지 않으실까요? 이 일을 언제까지 해야 하는 걸까요? 저 퇴사하고 싶은데 괜찮은 걸가요? 저 이번에 입사하게 되었는데 이 정도면 괜찮은 건가요? 저는 왜 이렇게 부족한 걸까요? 사람들은 왜 제 마음 같지 않을까요?"

처음에는 그들과 비슷한 경험에 비추어 조언하기 시작했고, 조언에 따라 선택한 사람도 있었고 그렇지 않은 사람도 있었다. 내 조언에 따라 선택하는 사람들이 많아질수록 나는 그들이 주는 신뢰에 책임감이 더해지기 시작했고, 나 자신을 돌아보기 시작했다. 내가 지나온 경험이 전부 그들에게 도움이 될 수 있을까. 그들에게 보이는 허울 좋은 내 모습이 과연 내가 원하고 바랐던 진짜 모습이 맞는가.

나는 그들과의 인연과 질문을 통해 온전히 나와 대화하는 시간이 필요했다. 왜냐하면, 에너지를 나누어 주려 힘을 내고 있었지만, 늘 혼자 있는 시간은 헛헛했고 외로웠기 때문이다. 앞서 이야기했던 그 우울과 외로움을 이야기하기 전 책을 쓰며 내 이야기를 하기로 마음먹었던 이유가 바로 이것이다. 나의 내면은 늘 우울하고 외로운데 나를 찾는 사람들에게 나의 에너지를 나누어줄 수 있는 것이 맞는지 의문이었다.

지나온 길을 되돌아보았다. 나는 어릴 적부터 꽤 인정받는 모범생이었다. 부모님에게는 착한 딸, 선생님에게는 말 잘 듣는 학생, 친구들에게는 부탁을 잘 들어주는 착한 친구였다. 딱히 나를 싫어했던 사람 없이 좋은 게 좋다고 생각하고, 늘 져주고 양보하며, 착하다는 평판 뒤에 편안한 호구로 살아왔다. 부당하다고 생각해도 내가 참으면 쉽게 해결되었고, 그렇게 시간이 흘러 일을 시작하게 되어서도 나는 성실한 직원, 말 잘 듣는 실장이었다.

그렇게 성실하게 말 잘 듣고 지내온 나의 30년 인생에 커다란 파문이 하나 일어났다. 이유 없이 나를 싫어하는 사람이 나타난 것이다. 무조건 참아도 싫어하고 무시하며, 잘해줘도 무시하고 싫어하는 그 사람을 보며 나는 공든 탑이 무너지는 듯한 실패를 경험하게 되었다. 그러면서 깨닫게 되었다.

'나는 내 삶의 모든 기준을 타인에게 두고 있었구나.'

다른 사람이 원하는 것을 발견하려 노력하고 그것이 내가 원하는 것이라 착각하며 다른 이들의 평가에 따라 살아왔다. 그래서 내가 호구인 것이 아무렇지 않았다. 그 사람들에게는 그렇게 해도 되는 사람이었다. 결국, 내가 허락한 셈이다. 이것을 깨닫게 되는 과정이 정말 많이 힘들었지만, 나는 진정으로 내가 원하는 것에 집중하게 되었고, 그럼으로써 나에게 질문하게 되었다.

'네가 진짜 원하는 게 뭐야?'

혼자 있는 시간에 멍하니 TV를 보거나 누워서 시간을 보내고 나면 그렇게 한심스러울 수가 없었고, '남들이 이런 게으른 내 모습을 본다면 어떻게 생각할까?' 이런 생각이 먼저 떠올랐다. 혼자 있는 순간조차 나는 내 기준을 다른 사람들에게 두었다. 내 모습을 온전히 인정해주지 않고 생산적인 일을 하는 내 모습만 인정해주는 반쪽짜리로 살아왔다. 30년간 알 수 없는 답답함으로 외롭게.

나를 가장 잘 아는 사람은 나밖에 없다는 것을 잠시 잊고 다른 사람들이 원하는 모습에 맞추어 살아온 날들이었지만, 이제 다시 내가 중심인 삶으로 만들어가는 중이다. 10여 년간 그 과정을 겪으며 나에게 가장 많이 했던 그 질문을 이제는 밖으로 꺼내게 되었다.

"당신이 혼자일 때의 모습은 어떠한가."

"당신도 그때의 나처럼 혼자 있는 순간에도 다른 사람이 중심이 되어 자기 모습을 평가하고 있지는 않은가?"

　내가 진짜 원하는 것을 발견하게 되면 지금 하는 고민은 저절로 해결된다. 물리적인 상황은 변함이 없겠지만 고민의 중심이 '타인의 기대와 평가'에서 '나'로 옮겨오는 순간, 모든 고민은 저절로 해결된다. 그리고 해결할 방법이 내 안에 있다는 것을 알게 되는 놀라운 경험을 할 수 있게 될 것이다.

　늘 어려운 일은 반복될 것이고, 그때마다 우리는 분명히 힘들 것이다. 하지만 내가 중심에 있는 문제라면 그 해결방법도 나 스스로 만들 수 있다. 힘든 일이 반복되면서 그때마다 실패자가 된 느낌일 수도 있다. 하지만 분명한 건 작은 일이든 큰일이든 힘든 일을 이미 겪어본 당신이고 실패라는 느낌을 느껴본 당신이다. 그것이 패턴처럼 반복된다고 하더라도 그 패턴이 훈련임을 아는 순간, 앞서 말했듯 힘든 일이면서 힘들지 않은 일이 되는 마법이 일어난다.

　성공과 실패를 경험한 당신은 또다시 실패라고 느끼는 일이 일어나더라도 그것을 흘려보내는 그때의 당신과 지금의 당신은 분명히 다르다.

지금 혹시 누군가에게 물어보고 싶은 마음이 드는가? 스스로 해결방법을 찾기 힘들고 길을 잃었다고 생각하는가? 그렇다면 다음 3가지 방법을 한번 실행해보자.

첫째, 당신이 원하는 것과 다른 사람이 원하는 것을 구분하라.

둘째, 당신이 원하는 것을 선택할 것인가, 다른 사람들이 원하는 것을 따를 것인가 선택하라.

마지막으로, 당신이 원하는 것을 이야기하는 당신과 다른 사람들이 원하는 것을 따르는 당신을 명확히 구분하라.

나는 오늘도 많은 질문을 듣고, 답을 내리기보다 질문을 한다.

"당신이 진짜 원하는 게 뭐예요?"

04

곰돌이 푸,
"행복한 일은 매일 있어!"

"당신이 진짜 원하는 게 뭐예요?"

이런 질문의 끝에는 궁극적으로 원하는 답이 같다.

"행복하게 살고 싶어요."

나 또한 스스로 했던 질문의 끝에 이야기했던 대답도 바로 '행복'이었다. 힘든 순간이 오면 늘 이야기한다. 갈 곳을 잃은 것 같다고. 내가 잘하고 있는 게 맞는지 모르겠다고. 이런 이야기에 나는 자신 있게! 분명하게! 이야기해 줄 수 있다. 순간순간 내가 원하는 진짜 마음을 발견하면, 행복으로 향하는 길은 저절로 생긴다고.

행복은 거창하지 않다. 굳이 어렵고 힘들게 헤매며 찾아내야만 하는 것이 아니다. 곰돌이 푸의 이야기처럼 행복은 매일 주어진다는 말을 전하고 싶다. 격려가 필요한 우리에게 곰돌이 푸는 이렇게 이야기한다.

"늘 행복할 수는 없지만, 행복한 일은 매일 있어."

그리고 행복에 관해 이야기하며 이렇게 덧붙인다.

"타인의 행복을 흉내 내지 마세요."

"무엇을 하고 싶은지는 내가 가장 잘 알고 있어요."

한때 나는 아주 일상적인 질문에 크게 당황한 적이 있다.

"너는 짜장면이 좋아 짬뽕이 좋아?"

나는 대답하지 못했다. 진짜 알 수 없었다. 내가 정말 무엇을 좋아하는지. "둘 다 괜찮아"라고 답하면서 왜 "둘 다 좋아"가 아니라 "둘 다 괜찮아"라고 대답했을까. 그리고 그날 저녁 집에 돌아와 노트를 펴고 '내가 좋아하는 것'이라는 제목을 쓰고 떠오르는 것을 써보았다.

아무것도 쓰지 못했다. 가족이라는 단어 외에. 내가 정말 좋아하는 것인지 몰라서 쓰고 지우기를 반복하다 결국 가족이라는 단어만을 남기고 모두 지웠다. 그리고 나는 내가 무엇을 하는 건지, 왜 늘 직장에 대한 고민과 불만으로 스스로 힘들게 하고 있는지, 이렇게 사는 것이 맞는지 오랜 기간 고민하게 되었다. 내가 진짜 원하는 일을 하고 인정받으면서 일하는 것이 맞는가. 그저 나는 다른 사람의 꿈을 이루기 위한 도구로 사는 것은 아닌가, 진짜 내가 원하는 것이 무엇인가.

아무것도 아닌 것처럼 보이는 이 소소한 질문이 내게 큰 변화를 가져오는 계기가 되었다. 내가 정말로 원하는 것이 맞는가. 원하는 곳으로 가고 있는 것이 맞는가. 행복하게 살고 싶은 기준이 내가 정한 것이 맞는가.

행복을 찾아 살아가고 있는 우리는 어쩌면 마라톤을 하는 것과 똑같은 상황 아닐까. 다만, 마라톤경주와 다른 점은 우리의 여정에는 일등과 꼴찌가 없다는 것이다. 완주하는 지점도, 코스도 정해진 바가 없다. 각자 다른 트랙에서 뛴다. 내가 어느 지점까지 달릴 수 있는지는 나의 역량에 따라 다를 것이고, 어느 방향으로 어떤 코스로 달려갈지도 나의 선택에 따라 달라질 것이다.

하지만 우리는 착각한다. 1등이 되고자 '경주'에만 집중하게 되는 것 같다. '모두가 그렇게 하고 있으니 나도 당연히 해내야지'라고 생각하면서 서로 견주어 달리며 타인의 행복이 나의 행복이 될 수 있다고 생각하게 된 것이다.

이 때문에 푸의 이야기가 더욱더 다가왔는지 모르겠다.

"타인의 행복을 흉내 내지 마세요."

'모두가 가고 있으니 나도 당연히 따라가야지'라는 생각의 근원을 추적해보면, '어디로 가는지 알 수는 없지만 그래도 다 같이 가고 있으니 괜찮은 곳이겠지'라는 생각이 깊게 자리하고 있다. 군중심리에 다름 아니다. 정말 아이러니한 것은 누구나 그런 생각을 한다는 것이다.

만약 지금 여기에서 행복하지 않고 만족스럽지 못하다면 과연 그 행복하지 않은 이유와 만족스럽지 않은 이유가 내 생각인지 다른 사람의 기준에 내가 미치지 못해서인지 구분해보자. 또는 다른 사람에게 내 기준을 강요하며 요구하지는 않았는지 반드시 고려해 보아야 한다.

지금 여기, 내가 있는 자리에서 나에게 최선이 무엇인가를 생각해보라. 지금 하는 고민과 걱정이 행복을 위해 당연하다고 생각하지 말라. 그 누구도 당신의 행복을 볼모로 잡고 당신이 달려가도록 강요할 수는 없다. 그렇게 하도록 허락하지 말라고 당부하고 싶다.

물론 나쁜 의도를 가지고 당신에게 강요하는 사람은 없을 것이다. 다만 그들이 원하는 바에 따라 선택하는 것에 당신도, 당신이 아닌 그들도 익숙해져 있을 뿐이다. 특히나 사랑하는 사람들, 소중한 사람들일수록 그렇게 되는 경우가 많다. 나를 위한 그들의 마음은 분명 내가 행복했으면 하는 진심으로 하는 것임을 우리는 안다. 그래서 그들과의 관계를 더욱 돈독하게 하기 위해, 그들을 위한 배려의 마음으로, 함께 행복하고 싶은 사랑의 마음으로 당신은 그들이 원하는 바를 따르는 선택을 했을 것이다. 그러나 당신의 기준도, 다른 사람의 기준도 잣대가 아니다. 그저 각자의 중심이 다를 뿐이다.

누군가에게 새로운 것을 함께하자고 권해 본 적이 있는가. 그때 "왜 굳이 그렇게까지 해?" "웬 오지랖이야?" "그만 좀 해! 네가 하면 우리도 힘들거든!" "그냥 조용히 가만히 있으면 안 돼?" "그거 나도 해봤는데 안 돼." "그거 해서 누구 좋으라고."

이런 이야기들을 들어본 적이 있다면, 나는 걷고 싶은 사람에게 함께 뛰자고 이야기한 셈이다. 혹 위의 답변이 너무 부정적이라고 느껴지는가. 새로운 것을 하면서 함께 행복해지자고 이야기했을 뿐인데, 돌아오는 말이 맘에 들지 않는가. 그것은 누구의 기준에서의 느낌인가. 이럴 때 가장 많이 하는 말이 있다.

"내 맘 같지 않아."

우리는 알 수 없는 우울함과 외로움을 인정하고, 내 탓이 아님을 확인하고, 잘하고 있다고 자신을 토닥이며, 행복이라는 것을 이야기하고 있다. 이제 인정해야 할 게 하나 더 남았다. '내 맘 같은 사람은 없다'는 것이다.

"그 누구도 당신의 행복을 볼모로 잡고 당신이 달려가도록 강요할 수는 없다"는 말은 "그 누구에게도 행복을 볼모로 달려가도록 강요할 수는 없다"는 말과 같다. 무엇을 하고 싶은지는 본인이 가장 잘 안다.

아직 행복을 기다리는 당신과 나에게 푸의 이야기를 빌

려 말하고 싶다.

"매일 행복할 수는 없다."

내 맘 같지 않은 상사와 후배, 호의를 권리로 착각하는 사람들, 잘하는 일이 생기면 잘한다고 더 늘어나는 일, 이런 현실에 숨 막히고 짜증이 극에 달할 수도 있다.

"하지만 행복한 일은 매일 있다."

치료를 받으러 오는 환자분들의 간식거리, "여기 선생님들은 다들 전문가야"라는 칭찬, 직원 모두 함께 손을 맞춰 바쁘게 일하고 난 뒤의 뿌듯함, 아무 말 없이 내 자리에 놓여 있는 커피 한잔, "이 맛에 일한다"라는 말이 절로 나오는 행복 등.

각자 속한 분야는 모두 다르겠지만, 행복으로 가고자 하는 바는 같을 것이다. 당신이 원하는 일상은 어느 쪽에 가까운지 묻고 싶다. 매일 행복한 일이 있다는 것을 발견하며 내가 진짜 원하는 일상을 만들어간다면 길은 절로 만들어진다. 그 일상 자체가 행복일 테니 말이다.

마지막으로, 내가 진짜 원하는 행복을 찾았다고 생각해

보자. 행복한 일상이 모두 이루어진 상태를 10점 만점에 몇 점이길 바라는가. 현재 점수는 몇 점인가. 현재 점수에서 지금 당신은 몇 점까지 올리기를 원하는가. 그 점수를 올리기 위해 어떤 것을 해볼 수 있을까. 떠오르는 것이 있다면 꼭 행동해보기를 권한다.

그것이 당신의 행복으로 향하는 마중물일 수도 있으니.

당신은 행복해질 환경을 타고났다.
마음의 눈을 뜨고, 열린 마음으로 주변을 살피고,
내 감정에 솔직하여 당신만의 행복을 찾아가는 여정을
지금 바로 출발하라.

나답지 않은 나로
살고 싶지 않아

작가

강해지

IQ 156 멘사 회원, 간호사, 라이프 가디언(Life Guardian), 작가

어린 시절부터 자주 아픈 나머지, 수시로 병원을 드나들면서도 손에서 책을 놓지 않던 그녀였다. 현재까지도 '자가면역질환'이란 병명으로 일조차 하기 어려운 상황이지만 그녀는 포기하지 않고 앞으로 나아가고 있다.

부모님의 이혼과 학대로 인한 트라우마 속에서도 13살의 어린 나이에 동생들을 직접 돌보며 부모의 역할을 대신해야 했다. 하지만 포기하지 않고 학업에 전념하여 고등학교와 대학교 모두 장학금을 받으며 우수한 성적으로 졸업했다.

이런 그녀를 본 지인의 추천으로 받아본 멘사 테스트에서 지능지수 156 이상, 측정 불가의 결과를 받았다. 현재는 간호사로 일하고 있으며, 다양한 분야에 걸쳐 책을 읽고 독서 모임에도 참여해 활동하며 더 넓은 사회를 경험하고 있다.

도와주는 이 하나 없이 모든 괴로움을 혼자 감당해야 하는 인생을 살아왔으면서도 누구에게나 가슴속에 행복의 열쇠가 있다는 따뜻한 이야기를 나누고 싶은 마음에 이 책을 집필했다. 지금은 자신이 직접 경험한 의료 계통의 정보를 바탕으로 사람을 살리는 '라이프 가디언'으로서 더 많은 사람에게 도움을 주기 위해 개인 저서를 준비 중이다.

BLOG blog.naver.com/rkdgowl123

01

나에게 줄 수 있는
가장 큰 선물

'자유'란 무엇일까? 사전적 정의처럼 "구속되지 않은 상태" "자기 마음대로 행동하는 일" 각자 다양하게 답할 수 있겠지만, 나도 이 단어에 관해 깊게 생각해보았다. 과거 여러 경험이 자연스레 나를 이 주제로 이끌었다.

2019년 8월 초 언제부터인가 입안이 헐기 시작했다. 어느 순간부터인지 점점 심해지더니 한 달 동안 병원에 다녀도 낫지 않고 음식을 먹지 못할 정도로 헐어버렸다. 진단명은 '설염'. 의사는 나에게 영양제를 꼭 챙겨 먹으라고 당부했지만, 나는 이미 먹고 있다고는 차마 말할 수 없었다. 영양제를 먹고 있어도 이런 상태라는 걸 알리고 싶지 않았다. 의사에게조차 털어놓을 수 없는 건강 콤플렉스다.

태연하고 싶었지만, 어쩔 수 없었다. 걱정이 엄습했다. 몇 달째 성실하게 영양제를 먹고 있었지만, 이렇게 입 전체에 염증이 퍼졌기 때문이다. 건강은 둘째 치고서라도 먹는 즐거움을 누리지 못하는 고통도 컸다. "인생은 식도락"이라는 말도 있지 않은가. 나는 지금도 식음의 자유를 누리지 못하고 있다.

　　나는 태어날 때부터 작게 태어나 자랐다. 성장하면서 온갖 질병을 안고 살았다. 뇌수막염, 폐렴, 장염, 가와사키병(원인을 알 수 없는 4세 이전의 소아에게서 나타나는 급성 열성 혈관염)까지 날 고통스럽게 했다. 심지어 뼈에 금이 가고 살갗이 찢어져 꿰매고 덮는 등 남들이 잘 겪지 않는 여러 사고까지 겪어 왔고 수시로 병원 신세를 지며 답답한 세월을 보내왔다.

　　게다가 전공까지 간호학이다. 병원은 내 삶과 떼려야 뗄 수 없나 보다. 직업도 간호사다 보니 이쯤 되면 운명이라 해야 하나. 수없이 많은 실습과 근무를 통해 환자라면 셀 수 없이 많이 봐왔다. 각종 내과 병동, 일반 외과 병동, 내과 외래, 수술실과 응급실 등을 거쳤다. 이 모든 경험을 통해 한 가지 다짐한 게 있다. 바로 "자유로울 때 하자"다.

뜬금없는 이야기처럼 들릴 수 있지만, 건강과 자유는 내게 아주 긴밀했다. 건강하지 않으면 자유로울 수 없기 때문이다. 몸살만 나도 근육통 때문에 거동이 불편하지 않은가. 하다못해 예방접종까지도 자주 사용하지 않는 팔에 접종한다. 주사를 맞은 팔은 며칠 동안 근육통이 생기기 때문에 움직임이 자유롭지 않기 때문이다.

입원 경험이라면 전문가다. 어릴 때부터 각종 질병으로 병원과 가까이 지냈다. 그러나 가까이하기에 먼, 적응하기에 어려운 공간이다. 할 수만 있다면 탈출하고픈 곳이다. 아마 입원 생활을 해본 사람이라면 누구나 공감할 것이다.

내겐 외로움이 가장 컸다. 입원 기간이 길어질수록 외로움의 크기는 점점 커졌다. 요양 생활만 할 땐 더욱더 외로웠다. 아픈 몸으로 타지에서 생활하는 것도 서러운데, 죽만 먹으면서 빈방에 홀로 누워만 있어야 하는 꼴이라니, 내 처지가 참 한심하다고 느꼈다.

입원하면 손에 꽂고 있는 링거도 불편하고 샤워도 할 수 없다. 머리를 감기도 어렵고 화장실에 갈 때도 불편하다. 4인실, 6인실이라면 잠은 다 잤다. 새벽에 간호사가 회진하는 소리에, 혈압을 측정하는 손길에 잠에서 깨기 십상이다. 비몽사몽 선잠만 자다 피로가 누적된다. 게다가 금식이라도 걸리면 어떤가. 식사마저 거르며 굶어야 한다. 한 번은 5일 금식에서 풀려나 처음 흰죽을 먹었는데, 어찌나 맛있던지.

작년 11월, 나는 신장 조직검사를 위해 서울의 한 대학병원을 찾았다. 검사하기 위해 입원 절차를 마치고 병동으로 가서 옷을 갈아입었다. 그리고 내 침대 앞쪽엔 금식 표식이 걸렸다. 신장 조직검사는 검사를 받기 전날부터 금식해야 하고 검사 후엔 지혈을 위해서 최소 4시간에서 최대 8시간은 꼼짝없이 누워만 있어야 한다. 앉거나 옆으로 눕는 것조차 안 되기에 식사, 개인위생 등 할 수 있는 것이 아무것도 없었다.

하루만 간병인을 두기로 했다. 화장실도 갈 수가 없어 침대 위에 누워서 해결해야 했고, 금식이 풀릴 때까지 아무것도 먹을 수 없으며 금식이 풀려도 앉아서 먹을 수 없어 누군가가 떠먹여 주어야 했다. 이때 난 굉장한 무력감을 느꼈다.

그리고 건강이 회복되면서 해방감을 느꼈다. 금식도 지혈 시간도 다 지나서 걸어 다닐 수 있고 먹을 수 있게 된 나는 정말 행복했다! 옥상 정원에 나가 바람도 쐬고 지하에 있는 마트에서 과일도 사다 먹을 수 있다는 사실이 내게 큰 기쁨이었다. 화장실에 혼자 다니는 것도, 이전에 느낄 수 없는 자유로 다가왔다. 그리고 다짐했다. 자유를 갈망하는 만큼 건강에 신경 쓰자.

아무런 질병이나 외상이 없다면 얼마나 자유로운가. 배가 고프면 뭐든 먹을 수 있고, 여러 가지 메뉴 중 선택할 자유도 생긴다. 가고 싶은 곳이라면 두 발 딛고 어디든 갈 수 있다. 가까운 곳은 걸을 수 있고, 좀 멀면 대중교통을 이용할 수도 있다.

이처럼 소소한 일상이 건강하지 않은 사람에게는 큰 의미로 다가온다. 여행의 자유, 취업의 자유, 옷이나 액세서리를 선택할 자유, 취미생활을 누릴 자유, 심지어 밤에 곤히 잘 수 있는 자유까지, 건강이 주는 선물이다. 그러니 옛 어른들이 그러지 않나. 건강이 최고라고!

호르몬 약 때문에 몸이 부었다. 옷은 큰 사이즈만 입는다. 액세서리도 잘 착용하지 않는다. 물론 참 좋아했다. 목걸이부터 반지, 팔찌, 발찌에 헤어 액세서리까지 줄줄이 하고 다녔지만 한창 자주 아플 때는 CT와 X-ray를 찍을 때마다 제거해야 하니 귀찮았고, 분실의 위험이 있으니 아예 착용하지 않고 다니게 되어버렸다.

또한, 나는 질병과 약의 부작용으로 생겨버린 손 떨림으로 인해 내 취미였던 프랑스 자수도 내려놓아야 했다. 그리고 항암 치료를 받거나 면역력에 문제가 있는 사람들, 면역 질환이나 스테로이드 치료 중인 사람들은 예방접종을 할 수 없다. 이외에도 다 말할 수 없는 자유로움을 포기해야 했다.

하지만 난 지금이 행복하다. 아직 원하는 걸 먹을 순 없고 이미 많은 걸 잃었지만, 그래도 많은 자유를 누리고 있다고 생각한다. 다행히 걸으며 밖에 다닐 수 있고 혼자 생활을 하는 데 어려운 일도 없다. 가벼운 운동도 할 수 있다!

내게 주어진 이 자유가 참 소중하다. 오늘 이 순간이, 매 순간 행복을 느낀다. 내일도 이 행복을 지키기 위해 영양제도 챙겨 먹고, 병원 약도 챙기고, 잊지 않고 바르는 약도 있다. 나는 지금도 늦었다고 생각하지 않는다. 지금이라도 알아서 이렇게 대비할 수 있는 것에 감사하며 행복하다고 생각한다.

예전에는 툭하면 아픈 내가 너무 싫었다. 움직임이나 행동반경도 좁고, 할 수 없는 일이 많았으니 말이다. 그래서 실망감을 가득 머금고 내 몸에게 부정적인 언어를 쏟아내기도 했다. "이런 쓸모없는 몸 같으니!" "얘는 매일 아파. 이 몸을 가지고 어떻게 살아?" "내 위장은 파업 중이라 일 안 해. 이런 거지 같은!" "이렇게 아플 거면 차라리 죽어버리지 왜 살아있는 거야?" 절망적인 시간의 연속이었다.

하지만 세상에서 큰 영향력 있는 인물 중 한 사람인 오프라 윈프리도 "내 신체에 감사하는 것이 자신을 더 사랑하는 열쇠임을 비로소 깨달았다"라고 한다. 그 문구를 읽고 나는 내 신체 하나하나를 소중히 대하기로 했다. 매일 저녁 자기 전 나에게 셀프 칭찬을 해주는 걸 시작했다. 예전의 안 좋은 습관은 버리고 작지만 좋은 습관을 들이려 노력한다. 이렇게 시도하는 것만으로도 행복하다. 나는 포기하지 않았다.

오랜만에 중·고등학교 시절 굉장히 친했던 친구들을 만났다. 입안이 아파서 맛있는 음식을 앞에 두고도 많이 먹지는 못했지만, 그래도 맛볼 수 있는 즐거움이 있었다. 친구와 노래도 부르고 카페에서 신나게 이야기도 했다.

소소한 행복이 내겐 가장 큰 행복이다. 이런 순간을 더욱 많이 느끼고 더욱 행복하기 위해 오늘도 노력한다. 컨디션에 맞춰 움직이고 명상도 한다. 운동하며 체력을 기르고 있다. 그러면서 일상의 자유를 누리고자 한다.

이제는 가족 여행도 계획 중이다. 갈 수 있는 한, 가능한 한 국내 여행을 많이 다니려 한다. 자수를 취미로 가질 수 없다면 다른 걸 하면 된다. 나는 독서를 선택했고, 영화감상도 시작했다. 독후감을 쓰는 것도, 영화 리뷰도 재미있다.

몸이 자유롭지 않은 이들에게 나누고 싶은 이야기다. 우리가 처한 상황에서 얼마든지 자유로움을 누릴 수 있다. 좌절하지 말자. 누구나 행복할 권리가 있으며, 행복을 누릴 자유는 당신에게 찾아올 것이다.

02

"나 혼자 산다" 속
숨겨진 비밀

    2016년 대학을 졸업하고 취업하면서 독립했다. 처음엔 자신만만했다. 집에서나 기숙사에서 단련해온 내 생활력을 드러낼 찬스라고 생각했다. 드디어 이 지긋지긋하던 집에서 떠난다고 오히려 들떠있었다.

    어릴 적 부모님이 이혼했고, 나와 동생들은 아빠와 함께 살았다. 당시 아빠는 13살이었던 장녀인 나에게 온갖 집안일과 동생들의 돌봄을 맡겼고 덕분에 내 손을 거치지 않은 집안일은 없었다. 무엇이든 할 수 있을 것 같은 자신감은 완충되어 있었다. 나만의 공간에서 자유롭게 살아갈 기대도 있었다. 그렇게 자신감으로 가득한 첫 자취 생활은 초반 몇 개월 순조로웠다.

나름 규칙과 생활의 팁도 쌓아왔다. 밥은 적게 지어도 다 먹지 못하니 전자레인지 전용 용기에 한 번 먹을 분량을 담아 냉동실에 얼려두고는 필요할 때마다 하나씩 꺼내 전자레인지에 데워 먹었다. 이렇게 하면 누렇게 뜬 밥이 아니라 언제든 갓 지은 밥을 먹을 수 있었다. 확실히 누렇게 뜬 밥을 먹을 때보다 맛도 있고 기분도 좋아 행복했다. 소소한 스킬이지만, 하나씩 배워나간다. 이렇게 밥도 지어서 먹고 나름대로 반찬도 만들어 먹고 방 정리 및 청소도 하며 나름 잘 지냈다.

　혼자 살면서 가장 큰 유익을 꼽으라면 자유와 행복감을 누리는 것이다. 기숙사와는 달리 온전한 자유가 생긴다. 집안일 분배로 싸울 일도 없고 생활비로 눈치 볼 일도 없어진다. 노래를 불러도 좋고, 좋아하는 게임도 할 수 있고, 언제든 내가 하고 싶은 일을 할 수 있다. 종교 문제도 자유롭다. 혼자 살면 자유롭게 기도하거나 성경, 불경을 읽을 수 있다. 인터넷에 넘쳐나는 자취 꿀팁 같은 정보도 많아 얼마든지 내 생활을 윤택하게 꾸려나갈 수 있다. 내가 좋아하는 테

마로 꾸밀 수도 있다. 내가 좋아하는 향의 디퓨저를 둘 수도 있고 여름엔 선풍기를 독차지하는 것도 가능하다!

아침에 일어나 내가 좋아하는 메뉴로 구성된 아침 식사를 즐길 수 있고, 혹은 반려동물이 있다면 같이 산책할 수도 있다. 하루 일정을 마치고 집에서 따뜻한 물에 개운하게 샤워하면서 행복을 느낄 수 있다. 친한 친구와 이야기를 나누며 스트레스를 해소할 수도 있고, 좋아하는 영상 매체를 통해서도 즐거움을 찾을 수 있다. 혼자 살면서 외로움을 느낄 때면, 친구나 가족을 초대할 수도 있다. 더욱 돈독해진 관계를 느낄 수 있을 것이다.

나는 혼자 살아보는 경험이 인생에 꼭 필요하다고 생각한다. 이 경험에서 얻을 수 있는 것들이 많기 때문이다. 자기 인생에 책임감을 느끼는 경험이다. 혼자 지내는 시간이 많아지면 생각도 많아지고 인생을 되돌아보게도 된다. 가족에 대한 감사, 친구의 소중함 등을 깨달을 수도 있다. 그렇게 행복에 대해서도, 행복의 기준에 대해서도 새롭게 깨닫고 느낄 수 있다.

그러나 이런 감정은 그리 오래가지 못했다. 독립은 현실이었다. 업무에 치이고 수당 없는 추가 근무의 날들이 쌓이고 쌓여 피곤한 날들의 연속이었다. 그로 인해 귀찮음과 자기합리화로 타협하며 밥보다는 잠을 선택하게 됐다. 게다가 식습관이 틀어지니 소화불량으로 고생했다. 시간이 지날수록 필요한 물건들이 쌓였고, 집을 정리하지 않으면 엉망진창이 되기 십상이었다. 식사는 라면이나 배달음식으로 때우고, 밥솥 안의 밥은 오래되어 누렇게 변해버리고 말았다. 직장의 스트레스로 불면증에 시달리며 외로움에도 탈수기처럼 탈탈 털렸다.

자신감이 무력감으로 바뀌는 시점이 있었다. 아플 때다. 혼자 살면서 가장 서러울 때라지. 실제 그렇다. 대학 기숙사에선 룸메이트가 있어 내가 아플 때 신경 써줄 사람이라도 있었지만, 자취는 그렇지 않다. 나는 장의 혈관이 터졌을 때 엄청난 복통을 느꼈지만 차마 119를 부를 용기는 없어서 병원 오픈 시간까지 밤새 7시간을 끙끙 앓다가 대중교통을 이용해 혼자 병원으로 기어가서 입원 절차를 밟았다. 혼자 사는 것은 내가 상상했던 것처럼 결코 쉽고 재미만 있는 일은 아니었다.

관건은 외로움의 문제를 해결하는 것이다. 혼자 있는 순간이 외로운가? 도움을 요청하라. 전화나 문자 메시지로 힘들다고 말을 하자. 말하지 않으면 결코 그 누구도 알아주지 않는다. 몸이 아픈가? 그때 역시 표현하자. 누구도 당신을 내팽개치거나 당신을 약하다고도 생각하지 않을 것이다. 이러한 경험 또한 행복한 일이다. 오롯이 혼자가 되어봄으로 혼자는 약할 수 있지만 나는 결코 혼자가 아니었음을, 앞으로도 혼자가 아님을 깨닫고 일상의 소중함 속에 자유로운 행복을 만끽할 수 있다.

지금 취업한 내 여동생 이야기다. 두 달 전부터 3교대 근무직에 취업해서 혼자 지내고 있는데 외로움으로 자주 눈물을 흘린단다. 여동생으로부터 부쩍 연락이 늘었고 전화를 받으면 보고 싶다며 우는 경우가 많다. 아마 남들이 다 쉬는 휴일에 쉬지 못하니 스트레스가 쌓이고, 더욱이 그 상황에서 가족들을 못 보니 그런 것 같다.

자주 연락하며 지내지만 안타깝게도 내가 동생의 근본적

인 문제를 해결해줄 수는 없다. 이 외로움의 문제 또한 스스로 극복하고 이겨내는 수밖에 없다. 가족 이외에도 마음에 정을 붙일만한 무언가 필요하다. 그걸 찾는 것도, 만드는 것도 본인의 몫이다. 그것이 친구가 될 수도 있고, 직장 동료가 될 수도 있고, 반려동물이 될 수도 있으며 생명체가 아니라도 스스로 괜찮다고 느낀다면 무엇이든 괜찮다.

나 혼자 살면서 그 안에 담긴 비밀을 깨닫게 됐다. 자유와 행복을 누리지만, '외로움'과 '책임감' 또한 뒤따른다. 아무리 외향적인 사람이라도 혼자 있을 시간이 필요하고, 내향적인 사람도 사람을 만나는 일이 필요하다. 자신의 언행이나 습관, 행동에 따른 책임도 져야 한다. 그러니 언제 어디서나 조심해야 한다. 분위기나 기분에 휩쓸려 충동구매를 해버린 물건의 값에 대한 책임감부터 요리, 설거지, 집 정리와 청소도 대신해줄 사람 하나 없다. 그러면서 성장해 간다.

처음은 누구나 낯설지만, 어느 사이엔가 혼자서 우뚝 서 사회인으로 살아가는 우리는 모두 많이 수고했다. 이 소중한 경험들은 절대 헛되지 않으며 인생에 깨달음을 더해줄 것이다. 어느샌가 부쩍 성장해 자신을 뒤돌아보면 그 과정 하나 하나가 지금의 나를 이루고 있다고 느끼고 행복함이 내 인생에 스며들 것이다.

03

내 곁에
항상 있어 줘서 고마워

지금 바로 전화를 걸어 식사 약속을 잡을 수 있는 친구가 있는가? 일을 마치고 돌아갈 집이 있는가? 그리고 집에 들어가면 가족과 인사하는가? 이 정도라면 당신은 꽤 행복한 사람이다. 그러나 매일 같은 일상에서 행복을 느끼지 못하는 사람들이 있다. 이들은 비교를 해줘야 그제야 깨닫는 경우가 많다. 자기 기준으로 함부로 판단해 남의 불행으로 내 행복을 찾으려 하지 말자. 이젠 스스로 앞을 내다보며 적극적으로 자기 삶의 행복을 찾아 나갈 때다.

주위를 둘러보면 감사할 것이 정말 많다. 부모님을 바라보아도, 거울을 보아도, 친구들을 둘러보아도 행복은 곳곳에 가득하다. 진심으로 상대방을 바라보고, 세상을 사랑으로 바라보면 모든 것이 행복으로 바뀌어 보인다.

설령 결핍이 느껴져도 실망할 것 없다. 행복한 감정을 유지하며 흔들리지 않고 내 길을 걷자. 그러면 행복은 다른 것으로 꼭 돌아오게 되어있다. 몸이 아파도 그렇다. 스스로 비관적인 생각에 갇혀있으면 아무리 행복이 가까이 있어도 보이지 않는다. 시각을 바꾸어 행복을 보기 위해 여러 번 시도하다 보면 스스로 행복을 찾는 눈이 길러진다.

오늘은 오후에 갑자기 필요한 책이 있어서 내가 제일 좋아하는 서점에 가기로 했다. 간단히 준비해서 밖으로 나갔다. 비가 내리고 있어서 날씨는 시원했다. 그렇게 멀지 않은 곳에 있어서 전철로 이동했다. 전철에 몸을 실었는데, 운이 좋게도 앉아서 갈 수 있었다. 음악을 들으며 비 오는 날의 감성을 즐기면서 몇 정거장을 지나 내렸다. 어둑해진 하늘을 배경으로 빗소리를 들으며 서점으로 발걸음을 옮겼다.

서점에 도착해서 필요한 도서부터 찾았다. 리커버되어 출간된 책이었는데, 찾기 쉬웠다. 그리고 필요했던 물건도 들어 품에 안았다. 이제부터는 내 시간이다! 몇 바퀴씩 돌아보며 새로 출간된 책도 구경하고 예쁜 문구들도 둘러보며 정말 즐거운 시간을 보냈다. 틈틈이 가족들과 단체 카톡을 하며 결국 작은 책 한 권과 남동생에게 필요한 케이블 커버를 손에 더 들었다. 더 고르지 못해 아쉬운 마음이었지만, 다음을 기약하며 계산대로 향했다. 10% 할인 쿠폰을 사용하고 포인트도 쌓았다. 돌아가는 전철 안에서도 조금 기다리니 자리가 나서 앉을 수 있었다. 집에 도착할 때쯤 비도 거의 그쳤다. 정말 재미있는 시간이었다.

소소한 일상의 단편이지만, 내겐 더없이 즐겁고 행복했던 시간이었다. 오후에 나가서 내가 좋아하는 서점에 갈 수 있다는 것도, 다리가 불편한 내가 전철에서 앉을 수 있다는 점도 모두 행복이다. 몸이 피곤한 것도 모르고 서점을 둘러보고 집에 돌아와 글을 쓰는 것 모두 내게 주어진 축복이다.

주변을 돌아보면, 내게 주어진 축복이 얼마나 많은가. 나를 둘러싼 사람들부터 집, 동네, 거리, 도시, 더 나아가 이 지구와 우주 등 이 모든 것이 내 세상이다. 내 소중한 친구들도 연락하며 지내서 좋고 행복하다. 늘 나에게 신경을 써주시는 상담 선생님도 감사하다. 이렇게 시각을 바꾸어 생각해

보면 내 주변엔 행복한 것들로 가득하다.

노년기를 생각하며 현재를 살아가는 것도 꽤 유익하다. 나이가 많이 들어 죽기 전 내 주변에는 누가 있을까? 가족이나 자녀? 친구들? 아무도 없을 수도 있다.

죽기 전 나는 무엇을 후회할까. 그때 그 시절 대학 입시에서 떨어진 것? 좋아하던 선배에게 고백하지 못한 것? 단짝 친구와 다툰 것? 부모님께 효도하지 못한 것? 인생을 너무 치열하게 달려만 온 것? 주변 풍경과 사람들을 보지 않고 오직 앞만 향해 달린 것? 진심으로 내가 무엇을 후회할지 생각해보면 내가 가진 행복관에 좀 더 가까워진 삶을 살아갈 수 있다.

혹은 조금 바꿔서 지금 당장 내가 죽는다면 무엇을 후회할까에 대해서도 생각해볼 수 있다. 아내나 남편, 아이들과 못 놀아준 것? 매일 괴롭히는 상사에게 주먹 한 방 먹이지 못한 것? 동창들에게 연락 못 한 것? 참 다행스럽게도 우리는 살아있고 내일이 있다. 후회할 일들을 미루지 말고 하루에 하나씩 해보기로 하자. 그렇게 내 미래와 환경을 바꿔나

가는 것이다.

우리 주변에 행복한 세상이 펼쳐져 있다. 그 모든 것은 내가 어떻게 행동하느냐에 따라 영향을 받고, 또다시 나에게 되돌아와 영향을 준다. 내 삶과 환경의 상호작용이 이렇게 돌아가는 것이다. 이 말은 곧 내 손에 행복의 열쇠가 쥐어져 있다는 말이다! 내 행동이 결정적이다. 이것을 어떻게 사용할지도 내 의지와 생각에 달려있다.

자신의 일상을 조금씩 돌아보자. 바쁜 삶에 못 보고 지나친 것들이 있을 것이다. 짜증에 묻혀 지나가 버린 행복한 일과 감사한 일들이 있을 것이다. 그 행복한 일들과 감사한 일들을 적어보면, 머릿속 산재되어 있는 막연한 느낌이 구체화되어 행복과 감사는 배가된다.

최대한 소소한 일상에 집중하면 큰 도움이 된다. 항상 손 뻗으면 닿을 곳에 있는 가족들도 친구들도 정말 감사한 대상이다. 만약 나에게 그 어떤 누구도 연락할 사람이 없다고 상상해보자. 세상에 혼자 떨어져 있는 것 같고 아무도 나에게 관심 가져주는 이 한 명 없이 얼마나 외로운가?

그러나 행복은 자고로 멀리서 찾는 것이 아니라고 했다. 가까운 곳에도 얼마든지 찾을 수 있으니 발견하는 대로 노트에 기록해보는 것은 참 중요하다. 하나하나 구체화하여 기록한 노트가 나에게 얼마나 큰 자산이 되는지 모른다. 힘들 때마다 펼쳐 봐도 좋고, 사랑하는 사람과 함께 봐도 좋다. 노년기에 읽어도 새로운 감상이 들 것이다.

이 책을 읽고 있는 당신이 진정으로 행복하길 바란다. 내가 써봤던 모든 방법을 여기에 담는 이유도 여기서 당신에게 맞는 방법을 찾아내길 바라는 마음 때문이다. 당신은 행복해질 환경을 타고났다. 마음의 눈을 뜨고, 열린 마음으로 주변을 살피고, 내 감정에 솔직하여 당신만의 행복을 찾아가는 여정을 지금 바로 출발하라.

04 There is nothing I can do except give it to me

지금 이 순간, 행복하지 않을 수도 있다. 슬프고 우울하고 화가 나고 힘들어서 책장을 넘길 힘이 없을 수도 있다. 하지만 잊지 말기 바란다. 행복은 멀리 있지 않다. 손을 뻗으면 닿는 자리에 있다. 그러니 당신은 손을 뻗는 노력만 하면 된다.

나도 너무나 궁금했다. 나는 이렇게 불행한데 왜 다른 사람들은 다들 잘 지내는 것처럼 보일까. SNS엔 저마다 행복하게 살아간다고 외치는 듯하다. 내 인생이 실패한 건 아닐까. 이쯤에서 포기해야 하나. 끊임없이 이런 질문을 반복해왔다. 아무리 노력해도, 발버둥 쳐도 행복은 나에게서 멀어질 뿐이었다.

행복을 찾아다녔다. 추천 도서도 읽고 영상 매체도 보곤 했다. 생각보다 대답은 멀리 있지 않았다. 나만 홀로 거창한 행복을 바라보며 좇으려 노력해왔을 뿐 사실 그렇지 않았다. 다른 사람도 발버둥 치고 있었다. 모두 백조가 유영을 하듯 우아하게 호수를 떠다니듯 보였지만, 그들도 수면 아래에서 보이지 않는 피땀을 흘려가며 노력하고 있었다. 비단 나뿐만이 아니라는 사실에 위로를 얻는다.

그러면 어떻게 행복을 찾을 수 있을까? 사람들을 대부분 외적 환경을 바꾸는 데 모든 노력을 기울이지만, 그보다 중요한 비밀을 찾았다. 다름 아닌 '감사'다. 행복은 조건에서 오는 것이 아니라 태도에서 오기 때문이다.

이전에 나는 정류장에서 버스를 놓치면 매우 짜증을 냈지만, 이젠 달라졌다. 약속 시각에 많이 늦지 않는 한 크게 화를 내지 않고 '가서 기다리느니 여기서 기다리는 게 낫지. 여기가 햇볕도 쬐고 좋네. 와~ 감사하다'라고 생각하며 긍정적으로 바라보는 시각을 갖도록 노력했다. 물론 지금도 노력하고 있다. 한순간에 인생이 확 바뀌는 것이 아니기 때문이다. 한 번에 거창한 일을 하는 것도 아니다. 그저 조금씩 작은 일이라도 매일 꾸준히 하는 것이 더욱 유익하다. 그러면 가까이 있는 소소한 감사거리에서 진정한 행복을 느낄 수 있다.

누군가 말했듯, 행복은 마음먹기에 달려 있다! 매사에 감사하면 그만큼 행복이 돌아온다. 시간이 걸리더라도 행복은 절대 사라지지 않는다. 반드시 돌아온다. 또한, 행복은 나눌 때, 내게로 돌아온다. 이 또한 시간이 걸리더라도 조금만 인내하며 기다리는 사람이라면 누구나 경험하는 일이다. 이 긍정적인 흐름이 중요하다. 이 흐름에 올라타야 한다. 당장 눈에 띄는 일은 없을지라도 '때'를 기다리며 타이밍을 살피는 것이다. 준비되어 있어야 기회를 잡을 수 있다. 그 기회는 늘 감사하는 사람의 눈엔 반드시 보인다.

이 행복의 선순환에 몸을 맡겨보자. 지금 나와 내 상황에 감사하고, 행복을 느끼면서 그 행복을 나눠주면 언젠가 그 행복이 다시 돌아올 것이다. 타인에게 행복을 나누는 것에 인색하지 말자. 정 어려우면 미래를 위한 투자라고 생각하자. 아무리 좋은, 엄청난 기획이라도 실천하지 않으면 의미가 없다. 불행하다고 주저앉아 있지 말고 다시 일어날 수 있음에 감사하자. 먼저 앞서갔든 뒤처졌든 다른 사람들과 자신을 비교하지 말고 나는 나만의 길을 가자.

한편, 다른 사람과 비교하는 습관은 독약과 같다. 나를 무기력증에 밀어 넣기도 한다. 내가 그랬다. 나는 타인과 심하게 비교하던 사람이었다. 사실 지금도 무의식중에 비교하고 있을지도 모르겠다. 어릴 때의 환경 때문인 것 같다. 부모님은 늘 주변 친구들과 어린 나를 비교하곤 했다.

"사촌들은 다 한다는데 넌 이것도 못 하냐."

"옆집에 누구는 벌써 다 했단다. 너는 쪽팔려서 말을 못 해."

"너 이따위로 해오라고 비싼 학원비에 돈 들인 거 아니다!"

"너는 다른 애들에 비해 잘하는 게 뭐니?"

지금 생각하면 언어폭력에 가까운 말이었다. 이런 언어에 무방비로 노출되어 있다면, 영향을 받지 않을 수 없었다. 그래서인지 어릴 때부터 비교하던 습관이 남아서, 뼛속까지 스며들어버려서 비교하는 습관이 자리해 이제는 익숙해진 듯하다. 하지만 이대로는 행복하기 어렵다. 그래서 지금이라도 의식적으로 비교하는 습관을 버리려고 노력하고 있다. 내 행복을 위해.

이전의 나는 아무것도 하기 싫어서 이것저것 핑계만 대던 사람이었다. 지병 때문에 아파서, 체력이 힘들어서, 다리가 불편해서, 마음이 불편해서, 기타 여러 곳이 아파서 등의 이유를 대며 힘든 일은 최대한 피해가며 살아왔다. 그 시절의 나는 성장이 없었다. 당연한 결과였다. 성장하려면 많이 뛰고 걸어서 성장통을 겪어야 하는 법인데 그렇게 방안에만 꿈쩍도 하지 않고 웅크린 채 눈만 감고 있었으니까. 그저 그렇게 웅크리고만 있었다.

하지만 멘토 선생님의 수업에서 배웠다. 감사는 행복의 씨앗이다. 한 번에 너무 높은 열매를 노리지 말고 매일 최선을 다하라고 하셨다. 최선의 기준을 낮춰 할 수 있는 만큼만 정해 꾸준히 하는 것이다.

나는 실천했다. 내가 할 수 있는 정도니 매일 하는 것에 부담스럽지 않았고, 매일 최선을 다해 살았다고 생각하니 자신감도 생기고 무엇인가를 할 수 있는 힘이 생기기 시작한 것 같다. 또 매일 일기에 표시하니 무언가 성취감도 느껴졌다. '나도 뭔가를 할 수 있기는 한 사람이구나!' 이제는 '아무것도 하지 못하는 나'가 아니다. 나름 커다란 깨달음이었다.

나는 이제야 조금씩 작은 행복을 느껴가고 있다. 내가 좋아하는 시원한 음료 한 잔의 행복, 화창한 날씨에 대한 감사, 독서에 대한 즐거움, 동생들과 함께하는 시간 등 내 삶엔 행복한 것들로 가득하다. 물론 늘 좋은 일만 생기는 것은 아니다. 나도 충격적인 일도 겪고 슬픈 일도 겪었다. 그런 일이 내 삶을 향해 온몸으로 부딪혀와도 내가 누리는 안정감은 빼앗을 수 없었다.

이제는 예전의 내가 아니다. 그간 좋지 않은 조건에서 자라왔지만, 감사하는 태도 하나로 난 변화됐다. 그래서 사람은 누구나 얼마든지 좋은 방향으로 변화할 수 있다. 내가 겪어보았으니 자신 있게 말할 수 있다. 포기만 하지 않으면, 실현 가능한 목표를 잡고 매일 꾸준히 하면 누구나 가능하다.

감사의 태도를 갖는 가장 좋은 비결은 감사 일기를 적는 것이다. 마음속 감사는 쉬 사라진다. 우리 마음은 변화무쌍하며 여러 가지 감정으로 채워지기 때문이다. 따라서 마음에 담긴 감사를 가시적으로 표현하는 것은 참 중요하다. 그래서 일기나 메모, 다이어리, 달력 등에 체크하게 되는 것 같다. 하다못해 그날 기분에 따라 스티커만 붙여도 좋다. 처음에만 조금 신경 쓰면 관성이 생긴다. 습관이 되어 꾸준히 적게 된다. 남에게 보여줄 것도 아니니 솔직한 마음을 편하게 적어가면 그것으로 충분하다.

이렇게 꾸준히 적은 감사 일기는 내 행복한 인생의 소중한 자산이 된다. 이렇게 시작한 감사의 태도, 그리고 감사 일기는 우리 삶에 귀한 열매로 보답할 것이다. 감사는 행복의 씨앗이니까.

우리는 모두 현재 삶이 엉망진창이고
불행하다고 느껴지더라도,
그 속에서 행복을 찾아낼 줄 아는 만큼
행복에 특화되어 있다.

우리,
부지런히 행복해지자

작가

노화준

동해바다 7번 국도에 정착한지 어느덧 6년, 저자는 이 세상 모든 것을 품었다는 청록 물결에 자신 또한 녹아들기를 꿈꾸며 살아가는 철저한 경험주의자이다.

이혼가정에서 자란 저자는, 색안경을 피해 살아오는 데에 급급했다. 그러다 보니 자연스럽게 주변 시선을 의식하며 '행복해 보이는' 삶을 사는 것에 익숙해졌다. 누구보다 자신의 상처가 드러나는 게 두려웠기에 눈에 띄지 않는 평범함에 집착할 수밖에 없었다는 저자는, 직장 생활부터 사소한 취미생활 하나까지도, 온전히 자신을 위한 것이 없었고, 나날이 더해지는 쓸쓸함과 공허함에 빠져있었다.

사랑하는 사람을 만나고, 아이들을 갖게 된 30대 중반의 나이에 이르러서야 불현듯 '행복한 척은 그만하자, 이제 정말 행복할 시간이다.'라고 생각하게 됐다.

자신을 옭아매던 타인의 시선으로부터 벗어나 스스로 원하는 '진짜 행복'을 찾기 시작한 후, 아주 작은 일상의 감사부터, 차곡차곡 작은 행복을 쌓아갔다. 그렇게 자신의 불완전함을 극복해갔으며, 인생의 그 어느 때보다 자신을 사랑하는 방법을 깨닫게 되었다. 그렇게 그는 어린 시절의 깊은 상처까지도 치유하는 경험을 했다고 말한다.

지금 이 순간에도 예전의 자신처럼, 상처 뒤에 숨어 살아가는 사람들을 위해 동병상련의 심정으로 이 책을 집필했다. 만성 행복결핍증에서 벗어나는 과정을 담은 자신의 글을 통해, 상처받은 수많은 사람들이 행복한 변화를 맞이하길 간절히 원하고 있다.

E-MAIL k_nadel@naver.com

01 당신은 전적으로 책임이 없다

《타이탄의 도구들》의 저자로 알려진 팀 페리스는 각 분야 최상위층에 있는 사람들의 지혜를 담아낸 저서《지금 하지 않으면 언제 하겠는가》에서 "우리가 행복해지지 않는 핵심적인 이유 중 하나는 타인에 대한 반응에 너무 예민하기 때문이다"라고 말했다. 이 책에서뿐만 아니라 다양한 매체에서도 주변 시선으로부터 자유로워지는 것이 곧 행복으로 가는 지름길이라고 이야기하는 것을 종종 볼 수 있다. 흔하게 듣는 이야기다.

그러나 사실 내겐 말처럼 쉽지만은 않았다. 제아무리 보이는 삶에서 벗어나기 위해 주변 사람에 대한 민감도를 조절하는 스위치를 최하 수준으로 돌린다고 해도 잠깐일 뿐이다.

어느새 돌아보면 나도 모르게 그 스위치가 다시 최고 수준으로 돌아가 있는 걸 발견하게 된다. 나는 단순하기 그지없는, 불 보듯 뻔한 이 감정노동을 그만두고 싶었다.

고민에 고민을 거듭하다 이 민감도가 올라가는 데 결정적으로 영향을 미치는 요인들에 대해 곰곰이 생각해볼 필요가 있었다. 내 기준에서 크게 두 가지가 떠올랐는데, 그중 하나는 나만의 자유로운 공간을 좁혀가는 다양한 '사회적인 시선'이다. 여기서 공간이란 단순히 물리적 장소만이 아닌 심신의 안녕과 평온 등을 포함한 복합적인 의미로, 주변 시선들의 사각지대라고 말할 수도 있을 것이다.

집 밖에 나가보면 어딜 가든 'CCTV 녹화 중', '블랙박스 녹화 중'이라는 경고성 푯말을 어렵지 않게 발견할 수 있는데, 대부분 쓰레기 무단 투기나 불법주차 등 개인의 양심이 발휘되는 장소에 설치되어 있기 마련이다.

이 촘촘한 사회안전망은 내 안의 선과 악이 양심을 사이에 두고 열띤 토론을 할 수 있는 시간마저 절대 용납하지 않으며, 오로지 다 보고 있으니 알아서 하라고 으름장을 놓는다. 그 차가운 시선들로 인해 나는 점차 생각이 배제된 채 즉각적인 행동을 보여 가짜 모범 시민이 되어가는 동시에, 결국 보이는 것에 길들여진다. 최근 이슈화되고 있는 4차 산업혁명이라는 순풍을 받으며 말 그대로 급부상하고 있는 드론의 발전이 그리 반갑지 않은 것도 이러한 이유 중 하나다.

그렇다고 사회적 시선의 영향이 비교적 덜 미치는 집안에서는 과연 자유로울까? 모바일 잠금 화면 서비스를 운영 중인 2017년 NBT에서 시행한 설문에 따르면, 1인당 하루에 스마트폰 잠금 화면 해제 횟수는 평균 약 90회, 사용 시간은 평균 4~5시간으로 조사되었으며, 과학기술정보통신부는 2018년 스마트폰 과의존 실태조사에서 스마트폰을 사용할 때 주로 이용하는 콘텐츠가 메신저와 SNS라고 발표했다. 이처럼 소통을 명분으로 사람들 대부분이 자신의 손바닥만 한 창을 통해 세상을 들여다보고 사람들을 만나면서 많은 시간을 할애한다.

나 또한 여기에서 자유로울 수 없었다. 명품 혹은 신상품 구매 후기들과 때로는 여유로워 보이는 여행 사진들도 곁들이면서까지 SNS에 올리고, 사람들이 '좋아요'를 눌러 주기를 내심 기대하게 되었다. 결과가 그 기댓값에 상응하면 난데없이 생겨난 무의미한 뿌듯함을 행복으로 착각하기도 했으며, 반대로 기대에 못 미치면 무관심으로 인한 씁쓸함과 불안함으로 인해 애꿎은 스마트폰 화면만 잠갔다 열기를 반복하기도 했다.

그뿐만 아니라, 퇴근했음에도 불구하고 업무 관련 메시지를 받을 때면 언제나 회사의 부름에 기다리고 있다는 것을 보여주기 위해 즉각 반응을 보이고 문자 하나하나에도 애사심을 꾹꾹 눌러 담아야만 했다. 항상 똑 부러지고 열정 넘치는 모습을 보여주기 위해 마침표와 느낌표를 몇 개 쓸지조차도 고민했던 나는, 직장인들이 가장 많이 뽑은 신조어로 '메신저 감옥'이 선정되었다는 것을 알게 되었을 때 공감을 안 하려야 안 할 수 없었다.

타인에 대한 민감도에 영향을 미치는 또 하나의 요인은 과거의 상처가 만들어 낸 꼬리표 때문에 느껴지는 '정서적인 시선'이다. 이것은 앞서 말한 사람들 대부분에게 보편적으로 영향을 미치는 사회적인 시선과는 달리 과거에 이혼, 편부

모, 폭력, 가난, 도박, 알코올 중독 등 아픈 상처를 가지고 있는 사람들에게만 느껴지는 시선으로, 그들 주변에 있는 대중이 쓰고 있는 색안경으로부터 발산된다.

내 마음 한쪽을 욱신거리게 만드는 그 시선을 처음 느끼게 된 것은 초등학교 2학년 때다. 부모님의 이혼으로 동생과 덩그러니 남겨지게 된 지 얼마 안 된 시기였다. 그날은 여느 때와 다를 바 없는 준비물 검사 시간이었는데, 전날 알림장에 적어놓고 챙겼다는 기억이 확실했지만, 정작 아침에 가지고 오지 않아 전전긍긍하고 있었다.

선생님은 이런 날 보고 나지막이 말씀하셨다. "집에서 챙겨주는 사람이 없어서 그런 거니?" 그 한마디가 싸늘한 눈빛과 함께 내 가슴에 비수처럼 꽂혔다. 내 얼굴은 화끈거렸고 가슴이 요동쳤다. 그 시선을 감당하기에 나이가 너무 어렸나 보다. 그때만 해도 이혼이라는 것이 흔하지 않았던 터라, 내 기억에 우리 학년 중에는 나 한 명이었던 것 같다. 어쩌면 나처럼 숨기고 싶어 꽁꽁 싸매고 웅크리던 아이들도 몇몇 있지 않았을까.

놀이터에서 놀고 있을 때면 동네 아이들이 와서는 "너희 부모님 이혼했다며?"라고 묻는 일이 다반사였고, 학교 끝나고 집에 가는 길에 차 한 대가 와서 창문을 내리고는 어떤 아주머니가 "그래, 엄마는 아직 안 오셨니?"라고 말을 걸어올 때도 있었다. 그들은 다 하나같이 같은 눈빛으로 나를 쳐다보았다. 진심 어린 걱정일 수도, 동정 혹은 연민에 의해 나오는 시선일 수도 있겠지만, 그 당시에는 그러한 관심에 감사하기보다는 당장 낯 뜨거운 상황에서 벗어나 숨어버리고만 싶을 뿐이었다.

어린 나는 마음속에서 분노가 일기도 했지만, 그 분노의 불길을 어느 방향으로 돌려야 할지도 몰랐다. 그렇다고 이런 상황에 놓이게 한 부모님을 향할 수도 없었다. 어릴 적부터 부모님은 내 작은 세상의 전부이자 유일무이한 무조건적인 사랑의 대상이었기에 그들에게 불길을 옮기는 것은 아예 상상조차 할 수 없었다. 결국, 그 분노의 불길은 꾹꾹 누르며 삭일 수밖에 없었다. 그리고 나타난 변화가 있다.

선생님의 그 싸늘한 눈빛으로 내던진 한마디는 작은 실수라도 절대 있어서는 안 되며 남들 앞에서는 걱정거리 없이 항상 웃는 얼굴로 밝은 척을 해야겠다고 다짐하는 데 중요한 계기가 되었다.

비록 집에 덩그러니 혼자 있을 때면, 가끔 내 안에 삭이던 분노가 표출되어 이유 없이 울음을 터뜨리거나 밤에 불안함으로 인해 몽유병과 가위눌림에 시달리기는 했다. 그러나 집 밖에서만큼은 그 다짐이 만들어 낸 가면으로 인해 한결 편해졌다. 흐트러진 모습 때문에 다시 꼬리표가 보일까 봐 사소한 작은 숙제라도 절대 놓치지 않으며 공부하는 데 힘을 쏟았다. 각종 경시대회에도 나가 우수상을 받아오면서 그 불편한 시선들이 현저하게 줄어들기 시작했다.

정작 이렇다 할 꿈도 없었고 공부를 해야 하는 구체적인 목적과 이유도 몰랐지만, 주변 사람들의 칭찬을 통해 인정받고 있다는 그 달콤한 느낌은 어른이 되어가는 과정에서 지대한 영향을 미친 것은 물론이거니와 남들의 시선을 의식해서 쓰게 된 가면에 점점 더 의존하게 만들어갈 뿐이었다.

'이제는 행복해지고 싶다.'

그 가면의 무게가 버거워질 때쯤 갑자기 떠오른 생각이다. 지금까지 보이는 삶을 살아가는 데 회의감을 들게 했고 진정한 행복에 한 걸음 다가가기 위해서는 우선 이 시선들로부터 자유로워질 필요가 있음을 깨달았다.

　사회적인 시선과 감정적인 시선. 엄연히 다른 성질을 가진 이 두 가지 시선 중 먼저 감정적인 시선에서 벗어나야 한다. 이는 사회적인 시선에도 영향을 미치기 때문이다. 이 시선은 내 마음 깊은 곳에서 비롯된 것인 만큼 먼저 짚고 넘어가지 않으면 다음 단계는 의미가 없다. 가장 중요한 것은 과거에 생긴 다양한 상처들에 대하여 우리는 전적으로 책임이 없음을 명확히 알아야 한다는 점이다.

　여기서 책임의 사전적 의미를 살펴보면 "어떤 일에 관련되어 그 결과에 대하여 지는 의무나 부담"으로, 책임이 없다고 해서 회피나 무책임을 뜻하는 것이 결코 아니다. 우리의 의지가 반영되지 않았을뿐더러 통제도 할 수 없는 상황에서 발생한 결과에 대해서는 의무나 부담이 일절 없다는 것이다.

　이처럼 우리는 아무 잘못이 없음을 인정하는 것이 중요하다. 왜냐하면, 색안경으로부터 투사되는 그 시선으로 인해 불편함이 생기고, 꺼지지 않는 분노의 불길이 생기는 이유가 바로, 잘못이 없음에도 불구하고 이러한 불가항력적인 사건들에 대한 책임을 지려다 보니, 자연스럽게 억울함이 싹틀 수밖에 없기 때문이다. 안타깝게도 과거에 대해 변호해준다거나 하소연을 들어 줄 사람은 존재하지 않는다. 아무리 누군가에게 호소하기 위해 신문고를 있는 힘껏 친다 한들, 그 울림에 귀를 기울일 사람도 아무도 없다.

스스로 만들어 낸 거짓 죄의식의 굴레에서 벗어날 수 있는 유일한 열쇠는 오로지 나 자신에게 있다고 말하고 싶다. 잘못이 없음을 명백히 아는 것은 감정적 시선에서 자유롭게 되는 출발선이기 때문이다. 그렇게 되면 억울함은 자연스럽게 사라지게 마련이고, 그 억울한 감정에서 비롯되던 분노 또한 당연히 사그라지게 된다. 결국, 버겁게만 느껴졌던 가면에 의존할 필요도 사라지게 된다.

가면이 필요 없다는 것은 수많은 색안경에서 감정적인 시선들이 아무리 뿜어져 나온다고 해도 떳떳함으로 무장된 나는 전혀 휘둘리지 않게 된다는 말이다. 이는 곧 타인으로부터 보이는 나에 대해서 신경 쓰는 시간과 노력을 온전히 나 자신에게 쏟을 수 있는 여건이 마련되었다는 의미이기도 하다. 따라서 사회적인 시선에서도 자유로울 수 있는 준비가 끝마쳤음을 의미하기도 한다.

이것이 앞에서 언급한 대로, 왜 사회적인 시선보다 감정적인 시선에서 벗어나는 것이 반드시 선행되어야 하는지에 대한 가장 큰 이유다. 그다음으로 해야 할 일은 바로, 그동안 주변 시선에 신경 쓰느라 정작 소홀히 했었던 나 자신을 돌보는 것이다. 이 내용은 행복을 발견하는 눈을 뜨게 해주는 것으로 다음 장에 이어진다.

모든 사람이 생채기 하나 없이 말 그대로 행복한 삶을 살고 있다면 그야말로 이상적인 세상이겠지만, 그런 세상은 없는 것 같다. 사람들 대부분은 원하지 않았음에도 상처와 아픔을 적어도 한 가지씩은 안고 살아간다. 거기서 수반되는 고통에 홀로 끙끙대면서도 그것을 드러내고 싶지도 않기에 주변 사람들의 시선을 의식하며 애써 괜찮은 척 살아간다.

하지만, 점점 지쳐만 갈 뿐이다. 이따금 꾹꾹 누르고 있던 그 슬픔이 비집고 나올 때면, 결국 차갑게 얼어붙은 12월의 길거리를 배회하는 성냥팔이 소녀의 심정으로 행복을 찾게 된다.

그나마 다행인 것은 그 절박한 상황 속에서 모든 사람은 마땅히 행복해질 권리를 가지고 있다는 것이다. 하지만 보이는 것에 얽매이는 삶 속에서는 절대 누릴 수 없음을 먼저 깨달아야 한다. 그리고 거기서 멈추지 않고 이제는 우리 안에서 근본적인 원인을 찾아 뿌리째 뽑아내야 한다.

영화 〈굿 윌 헌팅〉에서 숀이 죄책감에 시달리는 윌에게 했던 명대사가 기억난다.

"It's not your fault."

02   밑 빠진 내게
행복 붓기

일본 예술의 한 형태인 '킨츠기(Kintsugi)'가 있다. 이는 깨진 도자기를 송진이나 금 등을 통해 이어붙이거나 메꾸어 보수하는 기법이다. 여기에는 아이디어에 그 의미가 깊다. 사용하면서 깨져버린 그릇과 컵들을 버리는 경우는 종종 있다. 아까운 마음은 잠시뿐, 금세 불쾌함으로 가득 차버린다. 아무리 예쁘고 아끼던 물건이었더라도 금이 가고 깨지는 순간, 마음이 멀어지고 날카로운 골칫거리로 전락해버린다. 하지만 그들의 가치를 저버리지 않고 깨진 부분을 때우고 나면, 원래 모습보다 더 아름다운 모습으로 다시 태어난다.

이는 삶의 불완전함을 있는 그대로 받아들이고, 오히려 아름다움으로 승화시켜 '불완전함의 미학'을 추구하는 의미

를 가진 일본의 '와비사비(わびさび) 정신'과 직결된다. 주변 시선으로부터 자유로워졌다면, 이제 우리가 해야 할 일이 바로 나에 대한 '킨츠기(Kintsugi)'다. 상처로 인해 금이 가고 깨져버린 나를 어떻게 손봐야 하는 것일까?

방법은 사실 간단하다. 이어붙일 재료만 있으면 된다. 심지어 그 재료들은 결코 거창하거나, 절벽 끝에 간신히 걸쳐져 있는 전설의 약초처럼 구하기 어려운 것도 아니다. 또한, 우리는 그 재료도 이미 충분히 가지고 있다. 다만 손에 잡히지 않는 이유가 있다. 바로, 그 소중한 재료들을 지금까지 엉뚱한 곳에 쏟아붓고 있었기 때문이다. 남에게 보이는 삶을 유지하며, 수동적으로 살아가는 데 소모되는 시간과 노력이 귀한 재료가 된다.

만약 저마다의 시간을 해변의 모래알만큼 무수히 많이 가지고 있다면 전혀 문제 되지 않는다. 그만큼 시간을 가공하여 얻는 노력 또한 거의 무한할 것이기에, 나뿐만 아니라 내 주변 모든 사람에게 쏟아부어도 될 것이다. 그러나 우리가 가진 시간은 한정적이다. 개인이 낼 수 있는 노력의 양도 정해져 있을 수밖에 없다. 따라서 시간은 금이라고 표현될

만큼 우리에게 소중하고 귀한 재료다. 시간과 노력을 오롯이 나 자신에게 쏟아부어야만 하는 이유가 바로 여기에 있다.

이처럼 주변 시선에서 벗어나 자유로워진다는 것은, 곧 내가 가진 시간을 귀하게 여기고 온전히 나에게 쓰겠다는 것을 의미하기도 한다.

어릴 적 자주 읽던 동화 중《행복한 왕자》가 있다. 자신이 가진 루비뿐만 아니라 사파이어로 된 두 눈과 피부인 금까지도 남들에게 모두 나누어 주고 결국에는 초라한 모습으로 녹게 된 그 이야기를 떠올리면서 이제는 스스로 질문해봐야 한다. "과연 그는 행복했을까?"라고. 차라리 개인이 가진 그 재료 측면에서 이기적인 구두쇠 스크루지가 되는 것이 낫다. 그 시간과 노력의 출처는 오직 나에게서 나오는 것이기에 사용되는 순서도 당연히 내가 1순위라는 것을 잊지 말아야 한다. 여유가 있을 때 다른 사람들에게 할애하면 된다. 우선 나부터 당당하게 쓰도록 하자.

이제는 그 재료를 가지고 나의 깨진 부분에 붙여서 틈을 메울 차례다. 이 과정은 곧, 나에 대해서 알아가는 것과 동시에 미루기만 했던 나 자신에게 신경 쓰는 것을 뜻한다. 하지만 생각처럼 쉬운 일이 아니다. 그래서 시간과 노력이 재료로 쓰이는 것이다. 나에 대해서 알아가기 위해서는 우선 무엇을 좋아하고 싫어하는지에 관한 질문으로 시작해야 한다. 간단하면서도 지극히 당연한 질문일수록 좋다.

예를 들어, 어떤 음식을 좋아하고 싫어하는지, 아니면 내가 좋아하는 계절과 싫어하는 계절도 괜찮다. 이렇게 질문하다 보면, 차츰 진정 내가 추구하는 행복의 정의와 같이 근본적인 질문을 하는 단계까지 갈 수 있다. 여기서 가장 중요한 것은 단답식으로만 끝내지 않는 것이다. 여기에서 더 나아가 반드시 그 이유까지도 스스로 생각해 봐야 한다. 이유를 알기 위해서는 조금이라도 곰곰이 생각할 수밖에 없는데 그때가 바로, 그 재료가 쓰이는 시점이기 때문이다. 이유가 빠지면 어떻게 될까? 우리가 살면서 그토록 많이 써왔던 형식적인 신상명세서나, 자기소개서와 다를 바 없게 된다. 그렇게 되면 다시 무의식적으로 남에게 보여주기 위한 무의미한 과정으로 되돌아가는 여지를 주게 되는 것이다.

"강력한 이유는 강력한 행동을 낳는다."

대문호 윌리엄 셰익스피어의 말이다. 시간과 노력으로 빚어낸 이유들은 모여서 내 안에서 깊은 울림을 만들어낸다. 결국 나를 알아가는 과정의 궁극적인 목적은 이 내면의 울림에 귀를 기울이는 데 있다. 내 깊은 곳으로부터 퍼져 가는 이 찬란한 파동은 앞으로 무엇을 해야 하는지에 대한 영감(靈感)의 원천이다. 그것은 누군가에게는 신성한 신의 계시일 수도, 번뜩이는 아이디어일 수도, 반드시 완수해야 하는 임무라고 할 만큼 다양한 형태로 받아들일 수 있다.

여기에 공통점이 있다. 그 울림으로 인해 진정 내가 원하는 것을 찾기 위해 직접 행동하게 된다는 점에서 볼 때, 그 어떤 것보다 탁월한 기폭제 역할을 하는 것은 분명하다. 그뿐만 아니라, 깨지고 금이 간 나를 이어붙일 때 강한 접착제로도 쓰이는 데 전혀 손색이 없다. 이처럼 내가 가진 귀중한 재료로 만든 울림에 따라 사는 것은, 금이 가고 깨져버린 나를 전보다 더 아름답게 하며 본연의 가치가 더 빛나도록 만든다.

지금까지 많은 상처로 인해 불완전하고 날카로운 삶을

살아왔다고 해서, 앞으로도 계속 깨진 조각으로만 나를 여기지 말자. 그런 나를 청소부의 눈으로 보면 안 된다. 나의 가치는 그 누구보다 나 자신이 제일 잘 알고 있다. 그러므로 전보다 빛나는 나로 다시 만들기 위해서는 장인의 눈으로 바라봐야 한다. 나에게 있어서 적어도 나만큼은 예술가의 혼이 서린 경건한 눈으로 말이다.

"완벽하기를 요구하지 않을 때, 깨진 것에서 아름다움을 발견할 때 세상의 가치관은 변하기 시작합니다."

일본의 킨츠기 작가 나카무라 구니오는 그가 쓴 《킨츠기 수첩》에서 담담하게 말했다. 살다 보면 때때로 불완전한 나 자신으로 인해 끝없이 피어오르는 불안함과 마주하기도 한다. 그럴수록 나를 제외한 모든 사람은 더할 나위 없이 완벽해 보이기에 조급함까지 엄습해온다. 저마다 세상에 감칠맛을 더하는 장을 품고 있는 항아리들의 무리 속에서 나 홀로 밑 빠진 독이 되어 위태롭게 서 있는 심정이다. 그러다 보면 나는 쓸모없는 존재로 느껴지기까지 하면서 서서히 주저앉고는 가쁜 숨만 내뱉고 있을 뿐이다. 영락없는 자기혐오의

독(毒)이다.

20살 봄의 끝자락은 나에게 그런 시기였다. 아버지가 쓴 세 통의 편지는 무기력한 수험생활을 보내기에 충분했다. 이렇다 할 꿈도, 목적도 없었을뿐더러 다른 것 없이 비교적 학비가 저렴한 국립대에 가야 한다고만 적혀 있는 편지였다. 역시나 지원한 모든 대학교에서 보기 좋게 떨어졌다. 결국에는 4년제 대학 졸업장만을 바라보고 추가모집 공고 중인 지방 사립대학교에 들어가게 되었다. 대학교에 다니면서 나는 산산조각 나기 시작했다. 대충 점수만 맞춰서 간 그곳은 내 흥미나 관심과는 전혀 무관했기에 점차 이방인이 되어갔다.

그동안의 습관 덕에 수업을 꼬박꼬박 들었지만, 그 시간 말고는 대부분 화장실 하나 딸린 습한 자취방에 들어가 숨어 지내기 바빴다. 그 당시 나에게 있어서 자취방은 말 그대로 자취를 감추어 버리는 그런 곳이었다. 밤마다 찾아오는 극도의 고독감과 불안함으로 인해 밤잠을 설치기 일쑤였고, 그럴 때면 식은땀이 줄줄 나기까지 했다. 누렇게 색이 바랜 눅눅한 이불을 보고 있을 때면, '내 몸에서 녹물이 나와서 그런가 보다' 하고 애써 웃곤 했다. 그리고 다음 날 아침이 되면 어김없이 화장실 한편에 쪼그려 앉아 녹슨 수도꼭지에서 나오는 물로 대충 씻고는 학교에 갔다.

대학교 1학년을 1학기를 마치고, 창가에 머리를 기댄 채 버스를 타고 집에 오는데 문득 자퇴해야겠다는 생각이 들었다. 결코, 충동적인 결정이 아니었다. 3개월간 경험해보고 나니 이 무기력한 생활을 4년이라는 시간 동안 당해낼 자신이 도저히 없었다. 휴학이라는 제도를 통해 이력서의 학력 기입 란에 그럴싸하게 '대학교 1학년 휴학'이라고 남길 수도 있었으나, 작은 여지라도 남기고 싶지 않았다. 여차하면 언제 그랬냐는 듯 또다시 도착지를 모르는 그 만원 기차에 몸을 싣고는 그 무리 속에 있음에 안심하게 될까 봐, 무엇보다 그것이 두려웠다.

줄곧 학교에서는 나아가야 할 방향을 위쪽으로만 가리켜왔다. 저마다 다들 가고 있는 방향은 대각선도 있고, 직선이 아닌 곡선도 있지만 대부분 위쪽을 향해 가고 있었다. 나 또한 그랬다. 하지만 도착할 지점이 전혀 보이지 않았고, 심지어 내가 가는 길은 지그재그라고 느껴졌다. 그 정도(正道)에서 벗어나 나만의 길을 가고 싶었다.

그 와중에 생긴 돈에 대한 절박함은 한 마리의 뱀을 만들어 냈다. 그것은 예리하게도 내가 가진 상처에 독니를 깊게 꽂았다. 심신의 마비가 올 때쯤, 동네 신문에 '단란주점 웨이터 모집' 광고가 눈에 들어왔다. 연락처가 외워질 만큼 뚫어지게 쳐다보는 그 순간, 내 생애 최초의 묵직한 울림을 느꼈다.

'이왕 이렇게 된 거, 밑바닥까지 한번 가보자. 대학에서 배울 수 없는 무언가 분명 있을 거야!'

두근거리던 가슴은 이내 평온해지고, 내 안에는 청춘 빛의 시퍼런 독기가 생겼다. 그리고는 휴대폰을 꺼내어 머릿속에 새겨진 번호를 꾹꾹 눌렀다.

누구나 가장 싱그러운 순간으로 손꼽는 20살을, 거짓 웃음과 취기가 더해진 음악 소리로 가득 차 있는 그곳에서 보냈다. 결과적으로 보면 그때의 선택을 전혀 후회하지 않는다. 누군가 아무리 밑바닥 생활이라고 이야기해도, 나는 언제나 가장 빛나는 순간으로 당당히 꼽는다. 그 누구의 간섭 없이 내 인생을 온전히 스스로 결정하고 행동하며 책임도 지는 그 찬란한 설렘을 알게 되었기 때문이다. 그뿐만 아니라, 밤과 낮처럼 극단적으로 대조되는 상황 속에서 지내다 보니 예리한 관찰력도 얻었다. 그것은 곧 깨진 곳에서도 아름다움을 발견할 줄 아는 눈이기도 할 것이다. 내 안의 울림에 따라 많은 것을 배웠다고 확신한다.

완전한 항아리들 사이에서 홀로 서 있는 밑 빠진 독은 상처와 결핍을 가진 수많은 사람을 상징한다. 금이 가거나 깨져서, 즉 우리가 불완전해서 힘이 든 것이 결코 아니다. 옆에 항아리들처럼 될 수 없다는 무의미한 갈망에서 오는 허구의 통증이다. 나에 대한 '킨츠기'를 통해 스스로 불완전함을 먼저 받아들이고, 저마다 가지고 있는 재료들로 틈을 메워야 한다.

자신이 가진 본연의 가치를 잃지 않는 이상, 우리가 가진 상처들은 아름다움으로 승화되어 그 어떤 것보다 빛나게 될 것이다. 불완전한 독은 그 과정을 통해 완전한 항아리들 속에서 단연 돋보일 수밖에 없다. 게다가 나 외에 밑이 빠진 수많은 누군가에게도 큰 힘을 줄 수 있다.

우리는 만성적인 결핍 상태의 깨진 조각의 접합체가 아니다. 이제는 가득 채울 일만 남았다.

03 만성 행복 결핍증에서 벗어나기

"여러분은 행복하신가요?"

"행복이 뭔지 잘 모르겠어요."

최근 인터넷에 게시된 누군가의 글들을 심심찮게 보게 된다. 전 세계적으로 영향력을 미치고 있는 플랫폼 중 하나인 유튜브에 '행복'이란 단어를 검색해보자.

그 빨간 상자 안에는 각계각층의 사람들이 꾹꾹 눌러 담아놓은 행복을 찾는 다양한 방법이 수북하게 쌓여있다. 그만큼 행복이 결핍된 사람들이 많다는 것을 의미한다. 그러나 정작 자신이 누리고 있는 행복에 관한 콘텐츠는 찾아보기 어렵다. 오히려, 돈을 자랑하는 뜻을 가진 '플렉스', 각종 물건이 담긴 상자들을 여는 과정을 담은 '언박싱' 등과 같은 영상들은 끊임없이 생겨나고 있다. 정보의 바다인 유튜브의 로고 색깔이 빨간색인 이유는 급증하고 있는 이러한 영상들의 이상 번식으로 인한 적조 현상 때문일까?

사람들의 욕망과 욕구를 자극하는 콘텐츠들은 조회 수를 낚기 위해 자극적인 제목을 미끼로 삼는다. 행복을 찾아 표류하는 사람들은 어김없이 걸려들게 마련이다. 그들은 대리만족을 통해 순간적인 해소를 느끼지만, 곧 자괴감을 동반한 무기력에 빠지기 쉽다. 점점 자기도 모르게 만성적인 '행복 결핍증' 환자가 되어가는 것이다. 마치 목이 타들어 가는 갈증에 시달리는 사람이 순간의 욕구를 이기지 못하고 바닷물을 퍼다 마시는 것처럼.

"병에 물을 담으면 물병이 되고, 꽃을 담으면 꽃병, 꿀을 담으면 꿀병이 됩니다 (중략) 우리 사람들의 마음도 이것들과 똑같아서 그 안에 무엇을 담느냐에 따라 좋은 대접을 받을 수도 있고 못된 대접을 받아 천덕꾸러기가 될 수도 있습니다. (중략) 불만, 시기, 불평 등 좋지 않은 것들을 가득 담아두면 욕심쟁이 심술꾸러기가 되는 것이고 감사, 사랑, 겸손 등 좋은 것들을 담아두면 남들로부터 대접받는 사람이 되는 것입니다. 무엇을 담느냐 하는 것은 그 어느 누구의 책임도 아니고 오직 '자기 자신'이라는 것을 생각해야 할 것입니다."

월간 〈좋은생각〉에서 발췌한 글이다. 앞장에서 살펴본 바와 같이 주변 시선에서 벗어난 가운데 불완전한 나를 수선하여 유일무이한 항아리가 되었다면, 이제 채워야 한다. 무엇인가 채우는 순간 비로소 그 항아리의 존재 목적은 뚜렷해지기 때문이다. 이처럼 우리 또한 가치 있는 것을 한가득 담도록 노력해야만 한다.

아무리 귀중한 시간과 노력을 들여서 독보적인 나로 거듭났다 하더라도, 채움이 없다면 의미가 없다. 시간이 흐를수록 비어진 그 공간에 쌓이는 것은 먼지뿐만 아니라, 공허함이다. 그렇다고 해서 조급한 마음에 마구잡이로 아무거나 담지는 말자. 단순히 채우기에만 급급하다 보면 한데 뒤섞인만큼 조잡해지게 되고 결국에는 겉만 번지르르한 채 쓸모없는 내가 되어갈 뿐이다. 그 감정은 애초에 밑 빠진 독이 느끼는 것과 다를 바 없다. 결국에는 다시 원점으로 돌아가게 된다. 따라서 채운다는 것은 좋아하는 것만 고르고 취하는 편식의 과정이어야 한다.

절대로 알아서 채워지기를 기다리지도 말자. 나는 그 누구도 대신할 수도 없고 오직 나인만큼, 나의 빈공간은 그 아무도 대신 채워줄 수 없다고 생각해야 한다. 우리가 가장 원하는 행복으로 가득 채우고 싶다면, 우선 필요한 것은 퍼다 나르기 위한 바가지다. 비록 그것이 약수터에서 자주 볼 수 있는 흔한 바가지거나, 마을 축제에서 흥을 돋우는 품바들 허리춤에 달린 낡은 바가지더라도 전혀 상관없다. 중요한 것은 그 손잡이를 강하게 움켜쥔 당찬 의지, 내가 직접 찾아서 담겠다는 적극성이다.

이것은 행복을 찾아 표류하는 사람들에게 있어 목적의식을 가지고 노를 젓게 해준다는 점에서, '적극성'은 곧 '북극성'이라고 부르기에 충분하다. 그 휘황찬란한 북극성 아래에서 이제는 행복을 찾을 때가 되었다. 도대체 어디에서 구할 수 있을까? 첩첩산중에 진귀한 약초들을 찾아다니는 심마니를 떠올려 보자. 그들이 심마니로 불리는 까닭은 바로 오랜 시간 동안 대대로 내려온 주요 포인트를 꿰뚫고 있다는 것과 동시에 빛을 발하는 탁월한 눈일 것이다. 그것이 보통의 등

산가들과 구분되는 가장 큰 차이점이다.

　나 또한, 행복이란 무엇인가에 대한 기본적인 질문에서 시작하여 더 나아가 행복한 삶은 무엇인가에 대해 끊임없이 고민해왔다. 하지만 도저히 뚜렷한 정의를 내릴 수 없었다. 오히려 그럴수록 주위의 시선을 염두에 두면서 나를 행복해 보이는 사람으로 만들기에만 급급했다. 모순적이게도, 정작 오롯이 나의 관점에서 행복을 바라볼 때 쉽사리 행복을 단정 지을 수 없으면서도 말이다. 이때, 나에게 큰 깨달음을 준 것은 7살 딸아이의 말이었다.

　10월의 어느 주말 늦은 오후였다. 간단히 짐을 챙겨 집 근처 개울가에서 싸구려 텐트를 치고 모닥불을 피워 고기를 구워 먹던 날이었다. 가을에서 겨울로 넘어가는 시기였고, 물가 주변에 자리를 잡아서 스산한 추위가 느껴졌다. 이럴 때 가장 생각나는 것은 역시나 고구마다. 고기를 익히는 데 전력을 다하고 가쁜 숨을 몰아쉬고 있는 모닥불에 우리 가족 수대로 고구마 4개를 던져 놓았다.

　얼마간 지나 우리는 텐트에서 옹기종기 모여앉아 저마다

목장갑 한 짝씩 끼고 군고구마 먹을 만반의 준비를 하고 있었다. 가장 잘 익은 것을 하나 골라 반으로 쪼개고 나니 텐트 안은 달달하고 구수한 연기로 금세 자욱해졌다. 각자 하나씩 손에 얹은 채 연신 호호 불어대며 올해 첫 군고구마를 맛보기 시작했다. 추운 날씨 탓에 나오는 축축한 입김과 군고구마의 뜨거운 김이 한데 뒤섞여 넘실거렸다. 그로 인해 시야가 흐려져 가는 그 순간, 딸아이가 내게 한마디 했다.

"아빠. 이렇게 다 같이 모여서 군고구마 먹으니까 행복하다."

전혀 생각지도 못한 딸의 그 엉뚱한 한마디에 와이프랑 마주 보며 깔깔 웃기만 했다. 군고구마가 대체 뭐라고 행복하다고까지 말한 것인지, 나도 모르게 웃음이 난 것이다. 그 웃음 뒤에는 '얘는 행복이라는 뜻을 알고서 이런 말을 하는 걸까?' 하고 그저 어휘력이 향상된 딸의 귀여운 발전으로만 넘겨짚었다.

하지만 시간이 지나고 불현듯 찾아오는 내 안에 행복에 대한 궁금함이 가득 차오를 때 딸아이의 그 말이 메아리처럼 들려왔다. 그 메아리는 곧 내가 지금껏 고민해왔던 행복에 관한 답을 이미 7살의 딸아이는 알고 있다고 알려주는 듯했다.

　그 당시 우리 가족의 상황을 보면 1년여 동안 나 혼자 떨어져 주말부부로 생활하고 있었다. 일반적으로 가족이라면 함께 보내는 시간이 지극히 평범하겠지만, 우리에게는 한 달에 손꼽을 정도로 특별했다. 게다가 금요일 밤늦게 와서 자고 있는 아이를 만나고, 다시 일요일 저녁이 되면 아이를 뒤로 한 채 집 밖으로 나와야만 했다. 그럴 때마다 아이는 서운한 감정을 꾹꾹 눌러 담은 채 내색하지 않으려 눈길을 피하곤 했다. 한창 그런 생활이 절정에 치닫자 나와 와이프를 비롯해 아이들까지도 모두 지쳐만 갔다.

　행복에 관한 딸아이의 해맑은 발언은 그 시기에 나온 것이다. 다 모여서 고구마를 먹으니까 행복하다고. 그 한마디에 나는 "뭐야! 고작 그 정도로 행복하면, 아빠는 30개는 되겠다." 하고 웃어넘겼다. 그런 나에게 딸아이는 한 가지 가르침을 더 주었다. "아빠, 3개든, 30개든, 300개든, 그게 바로 행복이야."라고.

　어린 왕자에 등장하는 유명한 그림인 '코끼리를 삼킨 보아뱀'을 볼 줄 아는 만큼, 아이들의 오감은 이 세상 그 어떤 존재보다 솔직하고 개방적이며 예민하다. 이처럼 아이들은 어른들의 둔감한 오감으로는 절대 느끼지 못하는 세밀한 부분까지도 캐치해낸다. 그뿐만 아니라 주위로부터 자신이 어떻게 보이는 것에 대해 걱정하기는커녕 전혀 신경 쓰지도 않는다. 오로지 지금 이 순간에 자신이 느끼고 있는 감정들을 전혀 가공하지 않고 날 것 그대로 신선하게 밖으로 드러낸다. 비록 싸구려 텐트 안이더라도, 먹고 있는 것이 시중 100g당 고작 얼마의 퍽퍽한 밤고구마더라도 전혀 중요하지 않다. 다만 둘러싼 자신의 이 세계가, 이 세상이 행복하다고 느껴질 뿐이다.

생각해보면 아이와 어른의 경계는 단순히 만 18세 기점으로 그어지는 것만이 아니다. 행복의 측면에서 아이들이 더 성숙해 보인다. 그래서 어쩌면 행복에 대해 무뎌지는 순간이 어른이 된 시점으로도 볼 수 있겠다. 그 시점은 저마다 자라온 환경에 따라 다르겠지만, 결국 대부분 공통으로 만성 행복 결핍증이 되어간다.

누구나 한 번쯤은 문득 어릴 때로 다시 돌아가고 싶다고 생각해본 적이 있을 것이다. 또한 지나가는 길에 천진난만하게 웃으며 뛰어가는 아이들을 볼 때 '한창 좋을 때다'라며 웃은 적도 있을 것이다. 그런 생각이 드는 이유는 행복에 겨웠던 자신의 어린 시절에 대한 그리운 감정 때문일 것이다.

하지만 생각을 바꾸면 행복이 밀려온다. 지나가 버린 시간으로만 생각하지 않고, 아이들로부터 행복을 배워야겠다고 생각하는 것이다. 걱정과 근심으로부터 자유롭고, 모든 감각기관이 예민하게 열려있는 순간을 온전히 만끽할 줄 아는 것은 오직 아이들이기 때문이다.

물론 어른들은 아이들을 가르치고 기르는 입장이지만, 행복의 영역 안에서만큼은 예외다. 어른들이 아이들을 보살피고 지켜야 한다는 의무를 짊어져야 하는 이유가 바로 여기에 있다. 중요한 것은 단순히 아이들을 연약한 보호 대상으로만 여기지 않고, 우리에게 가르침을 주는 대상으로도 마땅히 인정하는 것이다.

행복에 얽힌 이야기 중 '세 잎 클로버'가 가장 유명할 것이다. 다들 행운을 뜻하는 네 잎 클로버를 찾느라 정작 주변에 넓게 퍼져있는 행복을 뜻하는 세 잎 클로버는 지나쳐 버린다는 이야기다. 나는 그 푸른 밭에 앉아서 행복에 관해 고민만 했을 뿐, 찾으려는 노력조차 하지 않았다. 하지만 고민에서 벗어나 나도 모르게 입꼬리가 올라가는 순간들을 떠올려 보면 행복은 내 삶 속에 듬성듬성 나 있음을 알게 되었다. 행복은 주관적인 감정이라는 것에 동의하는 만큼 저마다 가지고 있는 행복의 순간들은 정말 다양하다고 생각한다.

수도꼭지에 가까스로 달려 있는 한 방울의 물과, 망망대해를 이루고 있는 물의 본질은 같다. 이처럼 행복도 크기가 중요한 것이 아니라, 크건 작건 차곡차곡 한데 채우는 꾸준함이 중요하다. 한탕주의에 젖어 있는 어른들의 눈으로는 단 하나의 큰 행복을 찾아 한가득 절대 채울 수 없음을 우리는 알고 있다. 그러나 도처에 널려 있는 행복을 발견하는 아이들의 눈으로는 조금씩이라도 금방 모아서 채울 수 있음도 알게 되었다.

언젠가 만성 행복 결핍증에서 벗어나 자신이 가진 행복을 자랑하는 '행복 플렉스' 영상이 올라올 날도 기대해 본다.

04

당신은
행복에 특화된 사람이다

"큰 소리꾼이 되거라, 그래 너의 안에는 한이 있어 큰 소리꾼 만들어 줄 한 (중략) 그 망할 한이 뭐라고! 차라리 죽이시오."

뮤지컬 서편제 OST 중 〈원망〉의 한 부분이다. 득음의 경지에 도달시키기 위해 의붓아버지로부터 눈이 멀게 된 소리꾼은 원망 가득 찬 울분을 소리로써 승화시킨다. 듣는 이로 하여금 몸에 전율이 느껴지고 때로는 눈시울을 붉히게 하는 대목이다. 한국인만이 가진 독특한 정서로 다루어지는 이 한(恨)은 문학, 민요, 민속춤 등 다양한 분야에서 소재로 쓰였던 만큼 간접적으로 꾸준히 접해왔다. 그뿐만 아니라 한국인이라면 누구나 부모님 세대 혹은 그 이상의 할아버지, 할머니들로부터 그 감정을 배워왔다.

6.25 전쟁 직후 참담했던 우리나라의 현실을 본 어느 영국기자는 "한국에서 경제재건을 기대하는 것은 마치 쓰레기통에서 장미꽃이 피기를 바라는 것과 같다"라고 말했단다. 그런데도 우리나라는 불과 50년도 안 되어 세계 강국으로 급부상하면서 '한강의 기적'이라는 평가를 받았다. 그 속에는 비록 지금 나는 항상 끼니를 걱정할 만큼 찢어지게 가난하고 무식하지만, 내 자식들에게만큼은 절대로 물려주지 않겠다는 울분, 즉 우리 어른들의 한이 서려 있을 것이다. 그야말로 '한(恨)강의 기적'이다.

지금 우리는 어떨까? 이전 세대와 달리 끼니를 고민하기보다 무엇을 먹을지 더 고민하며, 배우지 못하는 것에 대해서 걱정하기보다 배운 것을 어떻게 활용할지 더 걱정한다. 그만큼 혁신을 통한 기술의 발전으로 그 어느 때보다 풍요로운 시대를 살고 있다. 그러나 정작 현실적으로 내 손에 쥘 수 있는 것은 없다고 느낀다.

서울대학교 행복연구센터에서 2018년 12월에 발표한 '한국 사회와 울분'이라는 연구 결과에 따르면, 한국인의 43.5% 는 만성적인 울분 상태라고 한다. 특히 20·30세대에서 가장 두드러진다는 점이 주목할 만하다. 울분이 높을수록 삶의 만족도와 주관적 행복이 낮다는 결과도 함께 고려해보면 지금의 우리가 행복 결핍증에 빠지는 이유를 울분에서도 충분히 찾을 수 있다.

또한, 자기가 한 일에 대한 보람이나 가치가 없다고 하는 것에 대해서 가장 큰 울분을 느낀다는 점에서 이전과는 다른 새로운 형태의 한을 가지고 있다고 할 수 있다. 물론 불가항력적인 계기로 좌절과 결핍에 직면하게 되어 한이 쌓인다는 점에서는 같다. 하지만 나뿐만 아니라 모두가 어렵고 힘든 상황에 놓인 가운데 다 함께 잘살아보자는 생각에서 발현된 억척스러움이 '한강의 기적'을 만들어낸 것과는 대조적이다. 눈부신 경제발전의 이면에 나타나는 대표적인 사회문제로 빈부격차와 각종 부정부패, 비리 등은 상대적 박탈감을 느끼게 한다. 여기서 그치지 않고 아무리 노력해도 바뀌지 않는다는 그 절망감은 무기력감과 일종의 패배감마저 들게 한다. 이러한 풍요 속의 빈곤에서 우리는 무엇을 해야 할

까? 다시 말해서 우리가 가진 새로운 형태의 이 울분과 한
을 도대체 어떻게 풀어야 할까?

앞에 언급한 것처럼, 우리나라 고유의 정서로 한(恨)이 있
다면 그 반대편에는 흥(興)이 있다. 우리에게는 이 한을 흥으
로 풀어내는 특별함이 있다고 한다. 이 두 가지는 의미가 상
반되지만 구분된 감정이 아니다. 마음의 응어리인 한을 풀어
내는 과정에서 흥이 나는 만큼, 두 가지는 한데 어우러져 있
다. 일반적으로 흔히 복수를 통해 풀어나가려는 원(怨)의 정
서와 구별되는 우리만의 독특한 특성인 이유가 여기에 있다.
　지금까지 기나긴 세월 동안 많은 세대를 거쳐 오면서 각
기 다른 한을 가지고 있었지만, 한편 그것을 흥으로도 풀어
온 우리다. 이는 곧, 지금의 우리 또한 이 한을 풀어낼 수 있
는 능력을 충분히 갖추고 있음을 의미한다. 우리는 모두 현
재 삶이 엉망진창이고 불행하다고 느껴지더라도, 그 속에서
행복을 찾아낼 줄 아는 만큼 행복에 특화되어 있다.

나름대로 행복에 관한 정의를 내려 봤다. 내가 생각하는

행복은 "사회 구성원으로서 가지고 있는 가면을 벗은 민낯의 상태에서, 걱정이나 근심들로부터 오는 잡념에서도 해방되어 나의 모든 감각기관이 예민하게 열려있는 기분이 드는 순간, 혹은 과정이다"이다. 이 나만의 기준을 가지고 나는 주변에 있는 행복을 찾고 있다. 일상에서 내게 행복을 가져다주는 세 가지를 생각해봤다.

첫째, 금요일 퇴근 후 현관문 앞에 다다른 후에 문고리를 잡아당겨 문을 여는 순간이다. 반드시 금요일이어야 하는 이유가 있다. 물론 평일에도 문을 여는 순간 가면을 벗는다는 점에서 공통점이 있지만, 한 가지 분명한 차이점은 회사와 내가 연결된 묵직한 줄의 탄성이다. 금요일에는 항상 그 줄이 한껏 느슨해지는 탓에 몸도 가벼워지고 퇴근 후 현관문을 열 때도 평소보다 가뿐한 느낌이다. 주말이 시작되었음을 널리 알리는 금요일 저녁 현관문을 여는 "끼-익" 소리는 언제 들어도 경쾌하다. 뻣뻣해진 문 경첩에 기름칠을 자꾸 미루게 되는 이유가 거기에 있는 것인지도 모르겠다. 13일의 금요일에는 무자비한 제이슨이 시퍼런 톱을 들고 돌아다닌다고 한들, 난 그래도 금요일 저녁이 마냥 즐겁다.

　둘째는 동네 서점이다. 내 직업 특성상 1년에 한 번꼴로 지역을 바꾸며 이사를 다녀야 한다. 이삿짐 정리가 웬만큼 마무리되어갈 때쯤 제일 먼저 가보는 곳이 바로 주변 동네 서점이다. 작은 시골, 크고 작은 도시 가릴 것 없이 그 지역을 대표하는 서점이 반드시 한두 곳은 있기 마련이다.
　나는 특히 대형서점보다는 소규모로 개인이 운영하는 서점에 가는 것을 선호한다. 딸랑딸랑 소리를 내며 문을 열고 들어가면, 어느 서점이든 주인 되시는 분들은 다들 인자한 표정으로 반갑게 인사해주신다. 그 모습이 그렇게 여유롭게 보일 수가 없다. 그 여유로움과 인자함에 나도 모르게 가면을 호주머니 속에 깊숙이 쑤셔 넣게 된다.
　무엇보다 가장 마음에 드는 것은, 자유로움이다. 서점에 가는 이유가 꼭 책을 구매하기 위해 가는 것만은 아니다. 근처에 약속이 있어 지나가다가 약속 시각보다 시간이 애매하게 남았을 때 잠깐 들어가서 시간을 때우기도 하고, 인터넷에서 알게 된 책을 자세히 알고 싶어서 들어가게 되는 경우도 있다. 또한, 딸아이가 좋아하는 만화책 신권이 나왔는지 확인하러 가기도 하고, 심지어 서점 특유의 책 냄새가 좋아 맡으러 가는 경우도 있다.

이처럼 어떤 목적을 가지고 서점에 들어간다고 해도, 서점에서는 크게 관여하지 않는다. 그렇다고 무관심이라고 느껴지지 않는 이유는 책 위치나 추천 도서 등 도움을 요청할 때에 상세히 알려주시는 모습에서 짙은 배려심과 기다림에서 나오는 따뜻함이 묻어나오기 때문이다. 옷가게나 화장품 가게에서 직원분들이 관심을 가지고 다가오는 것에 대해서 대단히 부담을 느끼는 내 입장에서 보면 이보다 자유로운 곳은 없다.

세 번째는 바다의 존재감이다. 내가 자란 곳은 분지 형태의 내륙지역으로 인해 바다를 볼 기회가 1년에 한 번 있을까 말까였다. 그래서 어릴 적부터 나에게 바다는 아주 멀리 있는 것이라고 마음속에 자리 잡혔다. 그러다 보니, 성인이 되어서도 적극적으로 가봐야겠다는 생각이 잘 들지 않았다. 단지 여름 해수욕장 개장시기에 맞춰 놀러 갈 때나, 해돋이를 보기 위해 정동진으로 간 김에 바다를 갔지, 바다 그 자체를 목적으로 간 적이 없었다.

그러다 동해가 근무지가 되고 나서 점점 바다에 대해서 알아가게 되었다. 보통 바다를 보러 가기 위해 버스나 기차를 타고 가다 보면, 그 지루함을 못 이기고 잠을 자고 있거나 몽롱한 상태에 빠지게 된다. 그러다가 창가에 바다가 보이는 순간 잠이 확 달아나면서 "와– 바다다!" 하고 외쳐본 경험이 누구나 한 번쯤은 있으리라 생각한다.

그러한 경험들은 회색 빌딩 숲에만 있다가 끝없이 탁 트인 경이로움 때문일 수도, 반복되는 일상생활이 지겨워진 찰나에 뭔가 알 수 없는 기대감 때문일 수도 있을 것이다. 또 수많은 고민으로 머릿속이 꽉 막혀 머리가 지끈거리는데 물밀 듯이 밀려오는 청량감 때문일 수도 있는 만큼 저마다 정말 다양할 것이다.

나는 바닷가에서 살기 시작하면서, 이러한 바다에 대한 긍정적인 감정도 결국 익숙해지고 무덤덤해질 줄 알았다. 하지만 그것은 바다를 단순히 관광명소로만 여겼던 짧은 생각으로 인한 착각이었다. 매일 출퇴근을 하고, 장을 보러 갈 때도, 차 한 잔 마시러 갈 때도 어딜 가던 바다가 시야에 들어올 때면 그 순간만큼은 모든 생각과 나를 옭아매는 것으로부터 해방되는 마력을 경험하게 되었다.

또한, 무엇을 해야 할지, 내가 어디로 가야 할지 모르는 고민을 없애주기도 한다. 마땅히 떠오르는 것이 없다면 일단 바다를 보러 가곤 한다. 바다를 바라보고 있으면 그 어떤 것도 내 마음을 어지럽히지 못한다. 내 앞에서 무한히 굽이치는 파도가 비단 모래뿐만 아니라 내 마음까지도 쓸어내리기 때문이다.

바다 측면에서 보면 모래 한 알이나 자기를 바라보는 어느 사람이든 별 차이가 없다. 그만큼 거대한 바다의 존재 앞에서는 가면을 쓰거나 복잡한 고민을 떠안고 있는 것이 무의미하다. 모든 것을 꿰뚫는 바다의 눈은 메두사의 눈과 닮았다. 그 누가 어떤 지위를 가지고 있고 어느 정도의 영향력을 가지고 있는지는 중요하지 않다. 눈이 마주치는 그 순간 자리에서 멈추게 된다. 그만큼 두려운 존재이기도 하지만, 돌로 만들어 자신의 소유물로 속박하는 메두사와는 달리 진정한 해방감을 선사하기 때문에 나는 바다를 의지한다.

사람마다 물의 가치는 다르다. 사막에서 극심한 갈증을 마주하는 사람과 수도꼭지를 열면 물이 콸콸 쏟아져 나오는 환경에서 살아온 사람이 생각하는 물의 가치는 서로 다를 수밖에 없다. 마찬가지로 행복이 결핍된 우리 또한 그만큼 행복에 대한 민감도가 높다.

비록 지금 우리 세대가 가지고 있는 그 감정이 점점 마음의 응어리인 한으로 되어가는 현실이다. 그런데도 충분히 흥으로 승화시킴으로써 비교적 쉽게 행복을 느낄 수 있는 특별한 존재임을 잊어서는 안 된다. 각자 행복의 기준을 세우고 나서 세상을 바라보면 주위 담을 행복이 무궁무진하다. 그 과정은 그 어떤 것보다 즐겁고 신나는 일이라고 확신한다. 그야말로 흥겹다. 누구나 충분히 할 수 있다. 우리는 모두 행복에 특화된 사람들이니까.

MEMO

MEMO